Jovens
Guerreiros
e Guerreiras
da Luz

Jovens Guerreiros e Guerreiras da Luz

Por que o Sistema não respeita os adolescentes?

Mauro Kwitko

BesouroLux
EDIÇÕES

1ª edição / Porto Alegre-RS / 2018

Capa e projeto gráfico: Marco Cena
Revisão: Sandro Andretta
Coordenação Editorial: Maitê Cena
Produção Editorial: Jorge Meura
Produção Gráfica: André Alt

Dados Internacionais de Catalogação na Publicação (CIP)

K98j   Kwitko, Mauro
          Jovens guerreiros e guerreiras da luz: por que o sistema não respeita os adolescentes? / Mauro Kwitko. – Porto Alegre: BesouroBox, 2018.
          192 p. ; 16 x 23 cm

       ISBN: 978-85-5527-090-1

       1. Espiritismo. 2. Espiritualidade. 3. Adolescência. I. Título.

                                                              CDU 133.9-053.7

Bibliotecária responsável Kátia Rosi Possobon CRB10/1782

Copyright © Mauro Kwitko, 2018.
1ª edição.

Todos os direitos desta edição reservados à
Edições BesouroBox Ltda.
Rua Brito Peixoto, 224 - CEP: 91030-400
Passo D'Areia - Porto Alegre - RS
Fone: (51) 3337.5620
www.besourobox.com.br

Impresso no Brasil
Outubro de 2018

SUMÁRIO

Prefácio 7
1. Adolescente é assim... 11
2. O respeito aos jovens 14
3. A indignação pacífica 17
4. A dificuldade de se tornar adulto 21
5. A rebeldia 25
6. Como o sistema anestesia os jovens. 30
7. A conscientização 33
8. Força de caráter 39
9. A consciência ecológica. 43
10. Como resistir ao apelo consumista 48
11. Reencarnação e adolescência 50
12. O uso de substâncias e o egoísmo 55
13. A espiritualidade e o uso de substâncias 63
14. As trevas e os jovens 66

15. O corpo é o nosso templo **70**
16. O sagrado feminino **79**
17. O sagrado masculino **83**
18. Sexualidade e sexo............................ **87**
19. O suicídio entre os jovens **91**
20. A bebida alcoólica............................ **97**
21. O cigarro................................... **123**
22. A cannabis sativa (maconha) **153**
23. A cocaína **176**
24. O crack.................................... **184**
Mensagem final................................. **189**

PREFÁCIO

A finalidade deste livro é levar uma Mensagem aos jovens para que lembrem quem são, para o que encarnaram, o que vieram fazer aqui na Terra, e libertarem-se do poder do Sistema que, muitas vezes, os impede de cumprir sua Missão. Os jovens, em grande parte, são Espíritos que vieram para trazer consigo mais luz, paz, harmonia, solidariedade e fraternidade para este planeta, para a humanidade. Mas, para que realizem esse objetivo espiritual, necessitam relembrar isso e libertar-se da influência negativa que um Sistema baseado apenas no lucro financeiro exerce sobre eles, com a colaboração de grande parte da mídia, como que hipnotizando-os, dominando suas cabeças, visando a transformá-los de leões em cordeirinhos e de guerreiros em robôs.

A Mensagem deste livro é um alerta a esses jovens emissários da Luz a respeito das táticas utilizadas pelo Sistema para tentar impedir que sua Missão seja cumprida. Devem ficar atentos com o que vão colocando em suas cabeças desde que eram crianças bem pequenas, com o "normal das coisas", com o "é assim que os jovens são".

Os jovens vêm sendo desrespeitados por meio da imagem criada de "Ser jovem é...". Queremos que os jovens perguntem a si mesmos se realmente são como as propagandas dos produtos jovens mostram. São um bando de doidões, irresponsáveis, agitados, bagunceiros, ou essa é a imagem criada pelo Sistema do que é "ser jovem"? Só querem festa, feriado, férias, *happy hours*? Não querem um mundo melhor, mais justo, mais humano? E essa tal de "rebeldia jovem" é contra o quê, afinal? Se é contra o Sistema, não podem segui-lo cegamente e obedecer suas mensagens, mas se deixaram que lhes hipnotizassem e agem como o Sistema diz que devem agir, estão sendo contra ou a favor?

Existe uma mística de que os adolescentes são assim. Assim como? Os adolescentes são como os interesses econômicos (oficiais e marginais) querem que sejam, para serem uma fonte permanente de consumo e de lucro. Isso não seria um problema se o que fosse oferecido para ser adquirido, para ser consumido, fossem produtos úteis, benéficos para sua saúde física, emocional, mental e espiritual. Mas a maior parte do que lhes oferecem são "alimentos" que não alimentam, bebidas para inebriá-los ou agitá-los, músicas e festas para sacudi-los, roupas para deixá-los com um ar rebelde ou desligado ou sexual, supérfluos para distraí-los, periféricos para superficializá-los, jogos para matar, competir, ensandecer-se, poucas coisas oferecidas aos adolescentes servem para os deixarem solidários, fraternos, generosos, espiritualizados.

Os jovens vieram para melhorar o mundo, para ajudar a acabar com a miséria, com a fome, com a violência, com a desigualdade social, vieram para transformar o nosso sistema de vida em um socialismo espiritual. Mas o Sistema, comandado por pessoas que estão nos altos postos dos governos da maioria dos países ou são seus parceiros, e que dominam grande parte da mídia, não deseja que as coisas mudem, pois são movidos apenas pela busca de lucro e pelo desejo de poder. E, então, utilizam-se de todas as maneiras possíveis para hipnotizar e adormecer os jovens, principalmente através do cinema, da televisão e da *internet*.

Existem duas maneiras de anestesiar os jovens: a maneira oficial e a maneira marginal. A maneira oficial é pelos meios lícitos de comunicação, em que doutrinam os jovens sobre como eles devem ser, o que devem comer, beber, fazer, vestir, como devem pensar e agir. A maneira marginal é por meio do uso de drogas ilícitas, que os jovens são estimulados a usar após terem sido convencidos de que beber cerveja, usar energéticos e fumar cigarro é sinal de "liberdade", de "rebeldia". Os jovens devem estar atentos às táticas utilizadas pelas mídias, para uma promessa artificial de alegria permanente, e então tudo que possa tirá-los desse estado idílico é "chato". É-lhes oferecida a promessa de eterna irreverência, de "aproveitar a vida", e tudo que lhes tirar desse hipnotismo é "careta" e antigo. O maior poder existente na Terra não é o das armas, dos exércitos, é o da mídia, e essa, infelizmente, está em grande parte nas mãos dos dominantes do mundo, dos donos da nossa cabeça, que desejam apenas uma coisa: ser cada vez mais ricos e poderosos. Os jovens estão aqui para mudar isso, para retirar o poder dessas pessoas más, não para dar mais poder e dinheiro para eles. Eles são os que criam a miséria, a desigualdade social, a violência, as guerras e, com a colaboração de muitos empresários, do pessoal da publicidade e da mídia, anestesiam os jovens guerreiros. Eles são os fabricantes de bebida e de cigarro e os traficantes de drogas, que enriquecem convencendo os jovens de que usar essas substâncias é sinal de liberdade e rebeldia, quando, na verdade, é exatamente o oposto, é a perda da liberdade, é a obediência e a submissão a eles.

Recomendo aos jovens que leiam livros, que assistam a filmes e documentários sobre as máfias da política, da alimentação, da bebida alcoólica, dos medicamentos, dos agrotóxicos, do petróleo etc., que só querem o nosso mal, que não se importam em nos adoecer, em nos matar, em poluir o nosso planeta. Recomendo que se engajem em ONGs que enfrentam essas máfias, que querem o nosso bem, que defendem os nossos direitos, que querem nos salvar. Recomendo aos jovens que estão dormindo que despertem, acordem, abram seus olhos, vejam o que o Sistema está fazendo com vocês. Recomendo aos jovens guerreiros que empunhem sua espada de luz e lutem, pacificamente, com força e dignidade, contra a maldade e a injustiça.

Este livro é sobre isso. Se você é um Guerreiro da Luz, leia e depois empreste-o para alguém. Vamos criar uma Corrente de Amor para iluminar este planeta. Unidos, nós venceremos a escuridão.

1. ADOLESCENTE É ASSIM...

A mística de que "Adolescente é assim..." não começa na adolescência, é uma tática perversa iniciada quando ainda são crianças, recém-chegadas do Astral, quando estão formatando ideias do que é o mundo, do que é importante, quando estão aprendendo o que é "normal", interiorizando conceitos, valores, estabelecendo padrões, normas de conduta, procedimentos. Desde pequenininhos, a mensagem que recebem da televisão, dos filmes "infantis" e, de algumas décadas para cá, da *internet*, é de que competir é normal, matar os inimigos é normal, barulho, agitação, correria são normais, passar horas e horas assistindo ou participando de matanças, com membros decepados, cabeças estourando, muito sangue jorrando, tudo é normal, dormir tarde é normal, atravessar a madrugada jogando é normal, tudo isso ao sabor de Coca-Cola, Ruffles, McDonald's, Burguer King, tudo em inglês, tudo americano, os xerifes do mundo, os heróis da liberdade, os defensores da democracia, os inimigos do terrorismo, os salvadores dos povos oprimidos por cruéis ditadores. Será mesmo? Ou é a mera continuação de uma tática de dominação das nossas cabeças, iniciada no século passado, quando o cinema americano espalhou pelo mundo a imagem da supremacia branca, dos colonizadores brancos, montados em cavalos brancos, com suas esposas brancas, seus filhinhos loirinhos, em sua missão de levar o progresso para as regiões inóspitas habitadas por aqueles malditos índios, marrons, montados em cavalos marrons ou negros que, imaginem, opunham-se a isso e ousavam atacar as pacíficas caravanas, o que obrigava as fábricas americanas de armas a produzir mais e mais armas para os brancos poderem defender-se e cumprir sua "missão de amor e sacrifício". Até hoje as fábricas americanas de armas precisam produzir mais e mais armas, claro que cada vez mais sofisticadas, para que as "missões de amor e sacrifício" possam ser cumpridas, agora não mais por caravanas de loiros e loiras e filhos loirinhos, mas por negros e hispanos contratados nos bairros mais pobres dos Estados Unidos para irem para outros países derrubar algum ditador, frequentemente um ex-aliado, para matar terroristas, geralmente heróis defensores de sua terra invadida e saqueada, a maioria apoiados anteriormente, mas que, depois de tornarem-se "inimigos da democracia e da liberdade", devem ser eliminados. As caravanas não são mais de carroças, agora são de navios de guerra e jatos supermodernos, que descarregam milhares de bombas para obter o sucesso almejado, mas, no meio disso tudo, insistem em viver civis ordeiros e pacíficos e suas famílias, em suas cidades, que pagam o preço de viver ali e morrem e ficam aleijados e perdem suas casas, as suas cidades são bombardeadas, as escolas, os hospitais são destruídos, e passam a odiar os Estados Unidos, que, seguindo uma estratégia iniciada há séculos, ao mesmo tempo em que é o maior vilão, o país mais terrorista da história da humanidade, sempre coloca-se como o mocinho bem intencionado, o zelador do mundo, e finge que não entende por que grande parte da humanidade lhe odeia. Para completar o serviço, lá vão os negros e os hispanos contratados matando, decepando membros, cabeças, estuprando mulheres, destruindo tudo o que veem pela frente, ao som de um bom *rock'n'roll* americano, muita maconha e cocaína. Os que retornam para casa voltam aleijados, traumatizados, perguntando-se se os milhares de dólares que receberam como pagamento valeram a pena. Para não ficarem desempregados, anseiam que as fábricas de armas fabriquem outra guerra, qualquer uma, não faz diferença, o motivo é apenas um disfarce, as fábricas de armas são como qualquer fábrica, fabricam, têm de vender o produto, pode ser para o exército, a marinha, a aeronáutica, que podem ser americanos ou de qualquer outro país, pode ser para que lado for, para os que estão "dentro da lei", para os que estão fora dela, pode ser para quem combate o tráfico, pode ser para os traficantes, afinal *business is business*, *God is the money*.

Esse país dita "a maneira correta de ser" no mundo todo e criou a imagem do "Adolescente é assim...". Dá para confiar nessa criação, vinda de quem vem?

2. O RESPEITO AOS JOVENS

Os jovens têm sido muito desrespeitados pelo Sistema. Essa imagem criada de que *Ser jovem é ser doidão, barulhento, agitado, falar bobagem, beber muito, não gostar de estudar, não gostar de acordar cedo, não gostar de trabalhar, gostar só de feriado, férias, que o bom da vida é festa, que a vida é para ser aproveitada* etc. é uma grande falta de respeito aos jovens.

O que é um jovem? É um Espírito que reencarnou há pouco tempo, que é jovem no corpo, mas é muito antigo, espiritualmente falando, por isso deve ser tratado com respeito. Mas não é assim que pensam os donos da nossa cabeça, que só querem ganhar o nosso dinheiro, algumas agências de publicidade e alguns proprietários de rádios, jornais, revistas, canais de televisão e de *internet*.

Os jovens são extremamente desrespeitados e tratados como marionetes com a finalidade única de serem consumidores dos produtos "jovens" acoplados à imagem criada de como é um jovem. Os jovens vieram para melhorar o mundo, combater a desigualdade social, ajudar a nivelar as camadas sociais, a eliminar a fome, a miséria, a violência, mas nada disso é incentivado pelas mensagens "jovens", pelo contrário, essas mensagens apregoam o egoísmo, o egocentrismo, o "cada um deve cuidar de si e o resto que se lixe", o "não tenho nada a ver com isso, eu quero é ser feliz", e, pior, transformando jovens em arremedos de si mesmos, obedientes, subjugados, hipnotizados, querendo ser como dizem que os jovens "devem ser".

Essa falta de respeito com os jovens mimetiza-se em uma falta de respeito dos jovens com eles mesmos, no que comem, no que bebem, no que fazem, na sua vontade e nos seus desejos, nas suas condutas e posturas perante a vida, e isso transforma milhões de jovens em coadjuvantes ao invés de protagonistas, e quando decidem ser protagonistas, grande parte protagoniza uma vida de sonhos ilusórios, uma busca de conquistas egoicas, um anseio de prazeres sensoriais imediatos. A mensagem jovem de "liberdade" vendida pelo Sistema é uma prisão da qual dificilmente um jovem consegue escapar, a não ser que detecte a falta de respeito e vire a sua revolta não mais contra nem sabe o quê, mas contra quem lhe desrespeita. Isso não significa uma luta violenta, uma postura agressiva, contra os donos da nossa cabeça e seus colaboradores, implica somente em, ao invés de dizer "Sim", dizer "Não!".

Podem iniciar dizendo para si mesmos: "Eu não sou assim como dizem que eu sou, não sou um idiota, um bagunceiro, um preguiçoso, eu não reencarnei para ser comandado por pessoas mal-intencionadas que só querem o meu dinheiro ou o dinheiro dos meus pais, eu estou aqui na Terra para criar um mundo melhor, eu quero que todo mundo tenha as mesmas oportunidades, os mesmos direitos, os mesmos deveres, eu quero acabar com a desigualdade social, com a miséria, não sou um idiota sorridente como dizem que sou, eu sou sério, responsável, comprometido, eu quero um mundo melhor, e estou começando por melhorar o meu mundo interno e o meu mundo externo e vou me esforçar ao máximo, com toda a minha força e energia jovem para falar sobre isso com os outros jovens, nós vamos criar um Movimento libertador que nos permita cumprir nossa Missão, nós exigimos respeito! Nós vamos mostrar o que é ser jovem, quase nos derrotaram, mas não vão nos derrotar, nós somos fortes, somos conscientes, somos pessoas do bem, e o Bem sempre vence! Com paz, com amor, com dignidade, com autorrespeito, nós vamos vencer!".

Você realmente é um irresponsável que não se importa com nada, que ri à toa, que vive zoando os outros, só quer festa, vive bebendo, um alienado? Você concorda com essa falta de respeito? Você é como criaram que um jovem deve ser ou foi enganado e convencido de que deve ser como essa imagem?

Existe uma força enorme dentro de você, a força do "Não!". Veja o que estão fazendo com você, com os seus irmãos e irmãs, vire sua rebeldia contra quem não lhe respeita, mostre quem você é e cumpra a sua Missão!

3. A INDIGNAÇÃO PACÍFICA

Vamos falar da bebida e do cigarro, coisas de outra geração, de quem jogou a toalha, de pessoas que não têm um ideal, um hábito careta, cafona, que não tem nada a ver com juventude, com saúde, com o poder jovem, fabricadas por pessoas que se perderam de sua alma, que não estão nem aí para a nossa saúde, que só querem o nosso dinheiro e se adoecermos, se morrermos, azar o nosso, como dizem: "Fuma quem quer, bebe quem quer...". Quem quer ou quem sofreu uma lavagem cerebral e segue esse hábito que veio dos seus pais, dos seus avós? Você acha bonito ver seu pai, sua mãe, seu avô, sua avó, bebendo, fumando? Você não sabe que eles vão adoecer (ou já adoeceram), que vão morrer por causa disso? Então, por que imita?

Quero deixar os jovens pacificamente indignados, percebendo o quanto são enganados pelos fabricantes de cigarro e pelos fabricantes de bebidas alcoólicas que só querem ganhar dinheiro à custa da nossa saúde. Quero formar uma Corrente do Bem para terminar com o ciclo do cigarro e das bebidas alcoólicas em nosso planeta, o do cigarro quase terminando, o das bebidas aumentando sem parar. O Brasil virou um quintal das companhias cervejeiras que, pelo poder econômico, dominam e comandam a mídia em todo o nosso país e conseguem vincular bebida com reunião com os amigos, bebida com festa em família, bebida com saúde, bebida com esporte, e eu sei que nesse momento todos os leitores estão dizendo para si mesmos: "E o que tem isso? Qual é o problema?". A questão não é tanto o beber vinculado com esses acontecimentos, é a venda subliminar da concepção da obrigatoriedade disso. Nada em uma propaganda de cerveja é aleatório, tudo é calculado, planejado, seja o ambiente, sejam os personagens, é como um livro, um filme, uma tela, parte-se do zero, vão se juntando as peças, no caso da propaganda de bebida, qual a finalidade? Apenas uma: vender bebida. Como fazer isso? O ambiente tem de ser de alegria, jovens sedutores, musculosos, sarados, jovens lindas, gostosas, apetitosas. Qual a ideia que é vendida? Quem bebe é feliz, quem bebe consegue o que quer, quem bebe sobe na vida, tudo é fácil, não existem problemas, não existem conflitos, a vida é incrível, quem bebe tem tudo na vida, um emprego maravilhoso, trabalha pouco e ganha muito, tem *happy hour* todos os dias, finais de semana em locais paradisíacos, praia, sol, brancos de peles douradas ou negros e negras sonhos de consumo, enfim, o paraíso na Terra. E como se consegue isso? Bem fácil: é só tomar cerveja, bastante cerveja, litros de cerveja, a cerveja é a chave do Paraíso! Mas o que me deixa mais intrigado é que, ao mesmo tempo que a mensagem é de beber muito, beber todo o tempo, lá no final tem aquele aviso obrigatório de "Beba com moderação", igualmente quando se tem carros maravilhosos por perto, ou lanchas, ou aviões, sempre tem a recomendação final de "Se for dirigir, não beba". Ah, esqueci de dizer que existe uma tal de autorregulamentação, ou seja, quem está no negócio das bebidas regulamenta as propagandas de bebidas...

Para que os jovens não caiam nessas armadilhas ou, se já caíram, saibam sair delas, é necessário que desenvolvam um olhar crítico sobre tudo que envolver cigarro, bebida e outros venenos, é preciso que assumam o comando sobre a sua vontade, pensar por si mesmos, diferenciar o que é habitual do que é certo, perceber a diferença entre o que é considerado normal e o que é correto, desenvolver uma leitura atenta do que seus olhos veem, do que seus ouvidos escutam, do que entra pelos seus pensamentos aparentemente vindo de lugar nenhum, essas mensagens sutis que buscam lhes comandar, lhes dirigir, lhes transformar em um rebanho cordato e servil a serviço de interesses imediatistas, materialistas, que desejam, na verdade, apenas ganhar seu dinheiro, e conseguem.

A indignação é uma arma poderosa, mas, infelizmente, ela é, muitas vezes, utilizada negativamente por jovens, e também por adultos, inconformados com a maneira como está estruturada a nossa sociedade, com o que se transformou a nossa vida, com como nos parece que somos incapazes de mudar a realidade, de transformar as coisas, de mudar o mundo. Sou colaborador de organizações como o Greenpeace e o Avaaz, e é realmente impressionante a capacidade que elas têm de reunir milhões de pessoas no mundo todo, seja pela *internet* ou em grandes manifestações públicas, na defesa dos direitos humanos, dos direitos dos animais, dos recursos naturais, da Natureza. E como têm obtido vitórias, promovido a união de pessoas que não aguentam mais ficar caladas, não querem mais fazer discursos individuais em frente à televisão, que querem unir-se, querem opinar, querem tomar decisões, querem saber o que está acontecendo, querem ter poder de comando sobre as decisões políticas, querem ter poder de veto, não querem mais apenas votar e ficar torcendo para que os políticos eleitos façam as coisas certas, que não nos enganem, não mintam para nós, não façam conchavos e acordos entre si e tudo ir ficando para depois... Podemos seguir o exemplo de Mahatma Gandhi e exercer a Indignação Pacífica, que é simplesmente dizer "Não!", sem violência, sem brigar, sem agredir.

A Indignação Pacífica é uma ferramenta extremamente poderosa e os jovens devem utilizá-la, bastando para isso negarem-se a continuar sendo marionetes nas mãos dos donos de suas cabeças, dos donos de suas opiniões, e começarem a exercer o que é seu de direito: comer o que decidirem que é bom para si, beber o que é saudável, olhar os programas de televisão, acessar os canais na *internet*, e decidir se vale a pena ficar horas ali ou se é melhor pegar um bom livro, ou fazer uma meditação, ou conversar com a família, com os amigos, ouvir as músicas que valem a pena, que transmitem mensagens positivas, endereçadas aos seus chakras superiores e não apenas aos aspectos mais inferiores (sexualidade e relações afetivas egoicas). Enfim, cada um pode tornar-se um formador de sua própria opinião, de sua própria vontade, ser responsável pela sua encarnação, um digno representante do seu Espírito e de suas metas evolutivas.

Os jovens podem e devem unir-se e lutar pacificamente por um mundo melhor. Os jovens representantes da Luz não são cordeirinhos, não são minhocas, são águias, são falcões, são filhos do Sol e da Lua, são herdeiros das estrelas. Para isso, basta dizer "Não!" para o que vem de fora e dizer "Sim!" para o que vem de dentro de si. Para um jovem entediado, sem motivação, que jogou suas armas ao chão, que baixou seu escudo, que perdeu sua força, que não consegue mais levantar sua cabeça, ofereço o remédio: Lute contra essa sacanagem travestida de "normal", de "é assim que as coisas são", faça dessa luta seu motivo existencial, mas lute pacificamente como um digno representante do Divino aqui na Terra, mostre ao Sistema que é possível não cair nas suas armadilhas, solte sua luz, brilhe, ilumine quem está opaco, quem ficou cinza, mostre o caminho de Jesus e dos Grandes Mestres e Mestras do Universo a quem fez da cerveja, do cigarro, das drogas, o seu bezerro de ouro. Suba a Montanha, abra os braços e saúde o Divino, seja livre, seja feliz, seja saudável, seja um verdadeiro irmão, uma verdadeira irmã, um(a) bom(boa) filho(a), um(a) bom(boa) amigo(a), um bom pai ou mãe, tudo isso que dizem que é careta e ultrapassado, mas que na verdade não é, pois é assim que as coisas devem ser. Quanto ao "É assim que deve ser um jovem", abra o lixo, jogue tudo lá dentro e nunca mais mexa nisso, seja o que guarda nos seus pensamentos, seja o que guarda naquela gaveta.

4. A DIFICULDADE DE SE TORNAR ADULTO

Uma parte dos adolescentes, influenciada por um Sistema que sutilmente transmite que tornar-se adulto é horrível, que é deixar de ser livre, não poder mais ser irresponsável, ter de assumir compromissos, ter horários, acordar cedo, trabalhar o dia todo, pagar impostos, casar, ter filhos, sustentar sua família, ficar velho, um dia aposentar-se, esperar a morte chegar, então ter doenças graves, morrer, ser velado, enterrado ou cremado, acabar tudo, ficar apenas uma recordação, e outras coisas horríveis, faz uma opção: a de ser, para sempre, jovem! Doce ilusão, que um dia acaba quando o teste do espelho insiste em mostrar a realidade e o "para sempre jovem" percebe uma barriguinha, uns fios de cabelo brancos, umas leves ruguinhas brotando no rosto, no pescoço, uns musculozinhos afrouxando, mas continua insistindo, disfarça aqui, disfarça ali, ainda acredita que isso vai parar, mas não para, o espelho continua impassível, mostrando o que capta, e então musculação, academia, vitaminas, remédios milagrosos, químicos ou naturais, não importa, o que importa é ficar jovem para sempre, isso lhe foi prometido, lhe disseram que tornar-se adulto é horrível, ficar parecido com seu pai, com sua mãe, *Deus o livre!*, e com aquele tio ou tia, e pior, com o vô, com a vó, *Não, por favor, tudo menos isso*, o irmão (ou irmã) menor crescendo, lhe alcançando, ameaçando passar, mais academia, mais vitaminas, *Quem sabe botar fora esse espelho?*, mas em todos os lugares há espelhos, nas vitrines das lojas jovens, dentro das lojas jovens, em todos os locais jovens há espelhos, *Para que tantos espelhos?*, em tudo que é casa que vai há espelhos, *Não, plástica não, isso não está acontecendo, eu sou para sempre jovem, esses dias me chamaram de tio(a)!, não acredito...*

Acredite, meu amigo, você está ficando adulto. Acredite, minha amiga, você está ficando adulta. Só tem duas coisas a fazer: ficar disfarçando ou assumir, a escolha é sua. Para lhe ajudar a escolher, vamos falar dessas duas opções.

Como fingir que ainda é jovem

Esta é uma luta inglória, que muitas pessoas jovens, ou já nem tão jovens, fazem: a luta contra o tempo, contra a realidade, baseadas numa lavagem cerebral que fizeram consigo desde que eram crianças e que permanece quando já não são mais adolescentes, já têm 18, 20, 25, 30 anos, e ainda se acham adolescentes, mas já não são mais, são um homem ou uma mulher, só que não assumiram isso. Por quê? Porque a nossa sociedade está em um nível evolutivo ainda infanto-juvenil e os valores apregoados pelo Sistema como importantes são compatíveis com esse nível, tudo programado para atrair e manter consumidores dos produtos oferecidos. Se a nossa sociedade já estivesse em um nível adulto de evolução, os "produtos" oferecidos seriam a busca da igualdade, da fraternidade, do coração aberto, da mão aberta, da disponibilidade para ajudar, da doação do seu tempo para fazer o mundo melhorar, do aproveitar o tempo e não do "aproveitar a vida". Mas, ao melhor estilo *American way of life*, que nos domina (e ao mundo todo), isso não interessa, pois a igualdade, a fraternidade, o amor ao próximo, não são lucrativos; o que dá lucro é o egocentrismo, a competição, a disputa, e isso só pode ser obtido mantendo a sociedade mundial no nível infanto-juvenil, vendendo essa mesma concepção para nós.

É por isso que grande parte dos jovens quer permanecer jovem para sempre, pois foi essa ideia que lhes venderam desde que eram crianças, por meio dos "inocentes" desenhos e filmes infantis e infanto-juvenis (americanos), que continuam lhes vendendo através da moda (americana), das letras das músicas (americanas), do estilo de música (americana), dos vídeos no Youtube (grande parte americanos). Tudo é uma enorme e cruel manipulação, iniciada na década de 1930, por meio do cinema americano, que perdura até hoje, e mesmo o contra-ataque chinês, japonês, coreano e de outros países, em busca do mercado jovem, imita esse modelo, pois ele dá certo... Certo para eles.

O que esse modelo cria? A futilidade, a agitação, o barulho, a correria, a superficialidade, a competitividade, o egoísmo (incluindo o do tempo mal aproveitado), o "passar o tempo". E ao que ele visa? A impedir que os jovens parem, pensem, reflitam, meditem, aquietem-se, busquem o seu interior, libertem-se, sejam realmente livres, independentes. E por que o Sistema faz isso? Para ganhar dinheiro. E quem dá dinheiro para eles? Os jovens. Cada bermuda "da moda", cada boné "da moda", cada tênis "da moda", cada novo celular "mais moderno", dá dinheiro para os donos da nossa cabeça. Cada copo de cerveja, cada cigarro, dá dinheiro para eles. Mas os jovens foram hipnotizados e não veem isso; na verdade, muitos veem, mas é necessário ser corajoso para ser diferente, é mais fácil ser igual, e é exatamente isso que o Sistema quer.

Grande parte dos jovens são agitados, o *American way of life* os agita, com a barulheira permanente, proposital, para impedi-los de pensar. Grande parte são deprimidos, se sentem perdidos, o *American way of life* lhes massacra o tempo todo, sentem que não estão sendo autênticos, algo está errado, não sabem o quê. Usam álcool, cigarro, substâncias, uns para acompanhar o ritmo propositadamente alucinante da "vida moderna", outros para aguentar esse ritmo sem pirar. Muitos jovens são levados a tratamento psicológico, psiquiátrico, terapias alternativas, a maioria vai de má vontade, pois considera esses profissionais como "eles", quando, na verdade, "eles" são os donos de sua cabeça, os donos do poder. Os profissionais da saúde mental e emocional (se também não estiverem domesticados, claro) poderão ajudá-los a se encontrar consigo mesmos, com sua essência, com sua verdade interior, mas se os psicólogos, os psiquiatras, os terapeutas alternativos, que recebem os jovens, também tiveram sua cabeça lavada pela mídia "jovem", não veem o que o Sistema faz com esses jovens, que é vê-los apenas como "usuários de drogas", sem entender que numa droga de sociedade usar drogas é apenas uma decorrência natural e, pior, incentivada pela imagem criada, americana, de "jovem é assim...", "adolescente é assim...", de nada adiantará um tratamento. Quem precisará de tratamento, antes, serão esses profissionais, visando a limpar sua cabeça do que colocaram dentro dela e também não viram, e não veem.

Querer ser adulto

Parece horrível, não é? Na verdade, é ótimo! Uma dos principais benefícios de se tornar adulto é a independência financeira. Imagine ter seu próprio dinheiro, sua casa, seu carro, poder comprar suas coisas, sem ficar ouvindo do pai, da mãe, reclamações, chantagens, propostas, trocas, ameaças de ir embora de casa, fazer tratamento inclusive comigo etc. Quer ir viajar, ir para a Índia, Machu Picchu, ou Tramandaí, Bombinhas? Junta dinheiro e vai, leva seu amor consigo, alguns amigos(as), aproveita, curte, depois volta, segue trabalhando. Quer comprar algo que acha importante? Vai e compra. Quer acender um incenso? Acende, sem ter de ouvir que acendeu só para disfarçar o cheiro da maconha. Ou seja, você realmente acha que ficar adulto, trabalhar, ter seu próprio dinheiro, ser livre, independente, é ruim? Ruim é querer ser jovem para sempre, não ter grana para nada, ter de morar com esses adultos caretas que não lhe entendem, que só enchem seu saco – estou falando de seus pais –, que ficam insistindo que você trabalhe, ganhe seu dinheiro, vá fazer sua vida, ou já desistiram, jogaram a toalha, ficam só olhando com aquele ar de reprovação, de que estão de saco cheio de você. E pode tirar a razão deles? Não fique zangado comigo: eles têm razão! Você, no lugar deles, também já tinha enchido o saco de um(a) filho(a) com 30, 40 anos, que decidiu, convencido(a) e enganado(a) pelo Sistema, de que seria jovem para sempre!

5. A REBELDIA

 Quando eu era jovem, e não foi há tanto tempo assim, apenas algumas décadas, eu pensava, como os jovens ainda pensam, que ser jovem é ser assim como todos os jovens acham que ser jovem é. Na minha época de jovem, ser jovem era ser rebelde, independente, infringir regras, mudar esse mundo careta dos meus pais e avós, curtir as músicas que tocavam nas rádios e nos programas jovens na televisão, e era assim que tinha de ser, era assim que eu queria ser e que todos os jovens também queriam.

 Mais tarde, já ficando homem, fui conhecendo jovens e eles pensavam como eu pensava quando era jovem, que ser jovem é ser rebelde, independente, infringir regras, mudar esse mundo careta dos seus pais e avós, curtir as músicas que tocam nas rádios jovens e na televisão, e é assim que tem de ser.

 Quando fiquei coroa, indo para o terço final desta atual passagem pela Terra, fui conhecendo os novos jovens e eles querem ser rebeldes, independentes, infringir regras, mudar esse mundo careta.

 Os jovens que estão me lendo devem estar pensando: mas ser jovem é isso, ser rebelde, independente, infringir regras, mudar o mundo, isso é ser jovem! O meu lado (ainda) jovem concorda, mas vamos ver ponto a ponto.

Ser rebelde
Concordo inteiramente, mas contra o quê e como? Existem duas maneiras de ser rebelde: rebelar-se contra a sociedade, contra seu pai, contra sua mãe, contra sua família, contra uma parcela de políticos, contra a corrupção, contra as injustiças sociais, contra a fome, contra a miséria, contra a violência, de uma maneira positiva, ou rebelar-se contra isso tudo de maneira negativa. Como são ambas essas maneiras?

A maneira que deveria ser preferencialmente escolhida por muitos jovens, se eles não fossem mentalmente lavados, diariamente, pela imagem criada de "Ser jovem é...", seria a rebeldia positiva, ou seja, buscar ser diferente dos que criticam, procurar ser melhor, procurar dar um exemplo para os adultos, ou seja, se os adultos caretas fumam, não fumar, se os adultos caretas bebem, não beber, se os adultos caretas são acomodados, não ser acomodado, se alguns políticos são corruptos, se roubam, se enganam, não ser corrupto, não roubar, não enganar, se a injustiça social, a fome, a miséria, a violência no Brasil e no mundo o incomoda, entrar em ONGs, Associações, Entidades que lutam contra isso, para que um dia ninguém mais passe fome, para que ninguém mais viva na miséria, para que acabe a violência. Essa é a rebeldia positiva.

Mas, infelizmente, uma certa parcela dos jovens rebela-se de maneira negativa, ou seja, rebelam-se contra o errado agindo errado, fumando, bebendo, drogando-se, indo mal no Colégio, mal na Faculdade, vivendo na noite, ou trancando-se dentro de si, magoando-se, deprimindo-se, enraivecendo-se, enfim, uma maneira de rebelar-se que não leva a nada, apenas à sua própria destruição, numa canalização mal dirigida de sua força jovem, de sua indignação adolescente, que deveria ser positiva, mas é negativa.

Para aqueles eu dou meus parabéns, pois eles mudarão o mundo, para esses, eu dou um conselho: sejam diferentes do que não aprovam, não sejam iguais, pois assim estarão mantendo o mundo como ele é ou até o piorando. Não se impressionem com o modelo norte-americano divulgado maciçamente pela mídia, pois é pré-fabricado e só quer que os jovens sejam consumidores, ovelhas cordatas, não se impressionem nem imitem o modelo rebelde europeu, pois esse é decadente e até, às vezes, ridículo em um país tropical como o nosso, cheio de sol, céu azul e natureza, e não frio, cinzento e obscuro.

Ser independente

Existem duas maneiras de um jovem querer ser independente: uma achando que é independente, mas, na verdade, sendo prisioneiro da mensagem midiática de que ser jovem independente é fumar, beber, "aproveitar a vida", ser maluco, meio doidão, que é o estilo norte-americano e europeu de ser jovem. Outra maneira é ser independente mesmo, não seguindo o que as mensagens comerciais incentivam, interessadas em transformar os jovens em meros consumidores, em fonte de renda, nessa absurda falta de respeito com os jovens. Ser independente é mandar em si, mas para isso o jovem deve desenvolver um discernimento, uma visão crítica em relação ao que lhe entra pelos olhos e pelos ouvidos, se é uma mensagem positiva ou negativa, se visa a incentivá-lo a usar sua força jovem, sua indignação, positivamente, para melhorar o mundo, ou para "aproveitar a vida", que tem de fazer tudo o que pode, antes de – que horror! – virar adulto e, pior ainda, ficar velho!

No Oriente é um orgulho ficar velho, são pessoas que os mais novos buscam para pedir conselhos, orientações, mas aqui no Ocidente ficar velho é uma vergonha. A diferença entre uma pessoa de 20 e uma de 60 anos é de apenas 40 anos, e isso, considerando a idade que o nosso Espírito tem, de algumas centenas de milhares de anos, é quase nada.

Infringir regras

Quais regras devem ser infringidas? Uma das regras que os jovens devem infringir é a regra criada, por alguns segmentos da indústria e do comércio, de que "ser jovem é ser doidão" – essa deve ser definitivamente infringida! Alguns programas de rádio jovens e alguns programas e filmes na televisão e *sites* na *internet* incentivam essa concepção, que deve ser infringida totalmente. Jovens do Brasil: infrinjam essa regra!

Mas uma regra que nunca deve ser infringida é a regra moral que diz que os jovens devem esforçar-se para utilizar a sua energia e a sua força jovem para melhorar o mundo, para acabar com o hábito de fumar, de beber, de usar outras drogas, e saber utilizar o seu tempo para colaborar em organizações sociais, espirituais, humanitárias, para ajudar a melhorar o mundo. Essa regra deve ser imediatamente adotada! Em vez de ir para a pracinha fumar um baseado, em vez de ir para o bar tomar cerveja e jogar conversa fora, em vez de ficar horas e horas em frente à televisão assistindo a programas que ativam os nossos chakras inferiores, ou no computador "conversando" ou jogando ou passando o tempo, rebelar-se contra isso e procurar uma instituição onde possa unir-se a pessoas que trabalham para ajudar os pobres, os irmãos abandonados, carentes e doentes. Essa é uma ótima rebeldia.

Uma outra regra que deve ser infringida é a regra que diz que os jovens devem estudar e trabalhar em qualquer coisa que dê grana, ter um bom trabalho em que não precisem esforçar-se muito, e não se importar com o que produzem ou vendem, se é bom e saudável ou ruim e prejudicial para as pessoas. Essa regra deve ser infringida! Uma boa maneira de rebelar-se contra essa regra é apenas trabalhar em empresas que visam a ajudar o mundo a melhorar, que produzem produtos saudáveis e limpos, que vendem coisas boas para as pessoas. Essa é uma rebeldia verdadeiramente jovem.

Uma regra que não deve ser infringida é a que diz que os jovens devem estudar, ser ótimos alunos, para se tornarem ótimos profissionais e trabalharem em empresas, em órgãos governamentais que se caracterizem por ter uma atividade que ajude a acabar com a injustiça social, com a fome, com a miséria, com a violência no Brasil e no mundo. Essa regra não deve ser infringida.

Mudar o mundo para melhor

Essa deve ser a principal atividade e meta dos jovens. Para isso, os jovens devem perceber o que piora o mundo, o que o mantém como está e o que pode melhorá-lo, para ele tornar-se, um dia, como nós, os utópicos, queremos.

Por exemplo, um jovem é idealista e quer melhorar o mundo, mas vai trabalhar numa fábrica de cigarros ou de bebidas alcoólicas, ou numa distribuidora dessas drogas, ou em algum local onde a venda é incentivada. Onde ficou o seu ideal? Está adorando a dois Senhores: a Luz e a Sombra. O que mais provavelmente acontecerá é que irá matar o seu sonho e tornar-se um adulto cínico e hipócrita, irá ser um adulto que se esconderá por trás de um sorrisinho triste, de quem matou seu ideal juvenil, de quem está fazendo o que sabe que não é bom para o mundo, que trabalha em um local que não tem a preocupação social de ser útil para as pessoas, que visa apenas a vender e a ganhar dinheiro.

Outro exemplo: um jovem quer melhorar o mundo mas vai trabalhar numa empresa que fabrica, que distribui ou que vende produtos supérfluos, que apenas incentivam o consumismo, a superficialidade e a futilidade dos outros jovens. Onde está a sua vontade de melhorar o mundo? Apenas em sua cabeça, mas não na sua prática, e aí não adianta nada. É bem melhor ser enfermeiro, gari, garçom, alguma atividade na qual seja realmente uma pessoa útil para os outros.

Então, sugiro cuidado, atenção, vejam o que estão fazendo com a sua vontade de melhorar o mundo, de mudar o mundo para melhor, de termos uma sociedade mais justa, mais humana, mais digna. Estão fazendo isso ou isso jaz adormecido, ou morto, dentro de si?

6. COMO O SISTEMA ANESTESIA OS JOVENS

As novas gerações são Espíritos que aqui estão com algumas finalidades: autoevolução, ajudar o mundo a melhorar e colaborar para criar uma sociedade mais justa. Não vieram para brincar, vieram para lutar, com amor, com compreensão, com sabedoria, tudo que o Sistema não gosta.

Autoevolução
O que se chama de evolução espiritual, na verdade, é evolução do nosso ego, pois o nosso Espírito é uma micromanifestação divina e, portanto, é puro, não necessita evoluir, é uma gotinha de luz dentro da Grande Luz, sendo a própria Luz. A evolução deve estar associada a uma alimentação o mais saudável possível, não beber, não fumar, não usar drogas, estudar, trabalhar, ser responsável, ser comprometido com as causas sociais, ser engajado, atuante, cada um a seu modo. Mas é essa a imagem que o Sistema transmite do "Ser jovem é..."? Pelo contrário, a imagem criada é para que os jovens tornem-se cordeirinhos, pessoas amortecidas, sonolentas, é a imagem de que ser jovem é "ser livre", "ser rebelde", "ser independente", ser livre para beber e fumar,

ser rebelde para obedecer ao Sistema, ser independente para dormir o dia todo, o seu quarto uma bagunça, viver de teorias.

O que significa "ser livre"? Na concepção literal da expressão é, no mínimo, ter ideias próprias, mas geralmente não é isso que se vê e, sim, jovens repetindo o que lhes incutem na mente de uma maneira contínua e massacrante, pensando igual, vestindo-se igual, fazendo as mesmas coisas, usando as mesmas gírias, comendo (mal) as mesmas coisas, dormindo demais, indo mal nos estudos, priorizando as diversões, os passatempos (o nome já diz tudo), enfim, fazendo tudo, menos o que vieram fazer: lutar! Foram hipnotizados pelo Sistema, precisam libertar-se.

Existem duas maneiras de o Sistema anestesiar os jovens: a maneira oficial e a maneira marginal. A maneira oficial é através dos meios lícitos de comunicação, em que doutrinam os jovens sobre como eles devem ser, pelo que devem sentir-se atraídos, o que é "importante". A maneira marginal é pelo uso de drogas ilícitas, que os jovens são estimulados a usar após terem sido convencidos de que beber cerveja, usar energéticos e fumar cigarro é sinal de "liberdade", de "rebeldia". A droga ilícita mais usual, a *Cannabis sativa*, a popular maconha, considerada por muitos uma Planta Sagrada, de Poder, tem um efeito colateral: deixar os jovens sonolentos, desleixados, postergadores, jovens talentosos, inteligentes, com os olhos vermelhos, um semissorriso nos lábios, a voz embotada, o cérebro idem, acreditando que o uso profano, cotidiano, da *Cannabis* lhes faz bem, que aumenta a criatividade. A afirmação de que é uma Planta de Poder, uma Planta Sagrada, pode até, quem sabe, ser verdade, mas o uso que é feito dessa Planta Sagrada é um uso sagrado? O uso sacramental de uma Planta considerada de Poder, uma Planta considerada Sagrada, eventualmente, em datas especiais, numa noite de lua cheia, à beira de uma fogueira, na beira do mar, num clima de respeito e profundidade espiritual, com a finalidade de, pela expansão da consciência que se afirma que essas Plantas promovem, acessar níveis superiores de informação, acessar Seres Espirituais superiores, Guias, Mestres, acessar Seres da Natureza, acessar a sua Essência interior, a sua Sabedoria intrínseca, até, quem sabe, poderia ser benéfico, mas todos os dias, várias vezes por dia, trancados no quarto, nas esquinas, nas praças, para ficar rindo à toa, bater a larica e sair comendo doce e tudo que passar pela frente, falar bobagens, isso é um uso sagrado de uma Planta Sagrada?

Ajudar a criar um mundo melhor

Com uma lavagem cerebral diária, um massacre mental permanente, de implantação e manutenção de falsos valores, de superficialidade, de consumo, apenas com uma boa bagagem pré-reencarnatória, aliada a um bom ambiente e bons exemplos, alguém conseguirá alcançar essa meta. Não é fácil escapar ao incentivo maligno, sedutor, do Sistema ao alcoolismo, ao uso de drogas ilícitas, através da imagem criada de que o jovem deve ser sempre alegre, deve ser meio doidão, irreverente. E então o que se vê, nas noites, quando os jovens se mostram mais, os bares cheios, as ruas cheias, jovens bebendo, fumando, usando drogas ilícitas, acreditando-se "livres", contrapondo-se ao Sistema ao mesmo tempo em que o obedecem cegamente? Como pode um jovem ser contrário ao Sistema e beber e fumar? Não enxerga que está sendo enganado, que está colaborando para o mundo manter-se como está ou até mesmo piorar, não percebe que está colaborando para enriquecer ainda mais os donos de sua cabeça? É contrário ao Sistema mas, ao mesmo tempo, é conivente e submisso a ele. E, ainda pior, ao adquirir bebida, cigarro etc., está dando dinheiro para pessoas sem caráter, que fabricam esses venenos mesmo sabendo que são prejudiciais à saúde, que adoecem e matam milhões de pessoas! Esse tipo de pessoa é quem cria e mantém um sistema de vida tremendamenhte injusto e patogênico; os jovens querem melhorar o mundo, e dão dinheiro para eles... Difícil de entender.

7. A CONSCIENTIZAÇÃO

O que pode salvar o mundo é a conscientização. Vamos ver isso.

Conscientização dos jovens "domesticados"
A Missão dos jovens é melhorar o mundo, o interno e o externo. Melhorar o mundo interno é um trabalho contínuo e permanente de "descascamento": ir tirando tudo que não é Luz, que não é Paz, que não é Amor, e, concomitantemente a isso, ir melhorando o mundo exterior, ir transformando o nosso sistema de vida em um socialismo espiritual, em que possamos ir alcançando a igualdade social, pois sem isso a humanidade nunca alcançará a paz. Isso ainda não existe, pois grande parcela das pessoas que ocupam cargos de poder e comando no mundo todo não quer que aconteça, pois se veem como seres especiais e acreditam que merecem estar acima dos demais, pois se acham mais inteligentes, mais espertos. Podem até ser isso, mas geralmente estão mais longe da sabedoria do que a sua empregada doméstica, a sua faxineira, o seu motorista, pois conhecimento não é sabedoria nem academicismo, é atestado de amor e honestidade.

Esses donos da nossa cabeça dominam o sistema financeiro do mundo, pois gostam de estar onde o dinheiro está, são uma parcela dos proprietários das grandes empresas multinacionais, uma parcela dos que comandam a mídia escrita, falada, televisionada e internética (que muitas vezes prefere estar ao lado de quem está no poder), muitos presidentes de países e seus políticos mais influentes (geralmente os mais elegantes, os mais articulados, com aspecto de estarem recém saindo do banho) são donos de fábricas de armas e fabricantes de guerras (o motivo não importa, o que importa é fabricar guerras para vender suas armas), uma parcela dos donos das multinacionais de medicamentos (e das constantes epidemias virais que surgem a todo instante). O seu Deus é o dinheiro, a Ele adoram e dedicam a sua vida, essa é a sua Religião. Quando desencarnam, geralmente vão para o Umbral, mas muitos não se importam, pois estão voltando para o seu lugar; os que vão para o Astral superior deparam-se lá com a sua Consciência e então envergonham-se, arrependem-se, um dia reencarnam e fazem tudo igual de novo, é a força do hábito, há séculos vivem para ganhar dinheiro e usufruir do que acreditam ser os prazeres da vida, quando são prazeres ilusórios, temporais.

Essas pessoas alcançam o poder material porque são como domadores que convencem os demais de que é vantajoso serem domesticados e entregarem o comando de sua vontade a eles, em troca de benefícios ilusórios, conquistas aparentemente importantes, uma manipulação arquitetada para que se sintam importantes, sem perceber que estão apenas fazendo com que os donos de suas cabeças tornem-se cada vez mais ricos e poderosos. São os fabricantes de bebida alcoólica, de cigarro e os traficantes de drogas. Os fabricantes de armas e seus parceiros convencem milhares de jovens a engajar-se em lutas e guerras, a acreditar que são justas e necessárias, geralmente de fundo nacionalista ou religioso. Eles ficam aleijados ou deficientes ou morrem para enriquecer os que ficam nos escritórios de luxo, bebendo uísque ou vodca, assistindo a tudo pela televisão ou pela *internet*, enxergando apenas os cifrões que estão entrando nas suas contas bancárias nos seus próprios bancos ou nos de seus parceiros. Os que retornam nunca mais serão como antes, física e psicologicamente; os que morrem "pelo seu país" ou "pela sua religião" serão enterrados como heróis, ao som dos hinos fúnebres das bandas marciais, seus nomes estarão em placas, anualmente serão homenageados com discursos e coroas de flores, mas nunca mais voltarão para suas casas, nunca mais abraçarão seus pais, seus irmãos, nunca mais sentarão na sala para ver televisão com sua família, nunca darão netos para seus pais, todos seus sonhos acabaram, são heróis mortos, acabou-se tudo. Quem ganhou com isso? Quem lucrou? Quem beneficiou-se? Apenas os donos das fábricas de armas, os políticos corruptos, os seus parceiros da mídia, todos os demais perderam.

Uma grande parcela dos jovens foi domesticada pelo Sistema para servi-lo, mas não vê isso. Para tanto, utiliza uma parceria corruptível de parte da grande mídia para dominar a nossa cabeça, de uma maneira tão sutil e ardilosa que convence multidões de jovens sobre como eles devem ser, como devem pensar, comportar-se, agir, vestir-se, tudo de uma maneira pré-fabricada. Ao mesmo tempo em que o Sistema engana os jovens de que, sendo assim, estarão sendo diferentes, na verdade, estarão sendo iguais; convence-os de que, agindo assim, estarão exercendo o direito de serem livres, independentes, quando, na verdade, estarão sendo meros representantes de um estereótipo pré-moldado; de que, comportando-se assim, estarão sendo rebeldes e autônomos, quando, na verdade, estarão sendo submissos e obedientes ao Sistema e sua estratégia maligna de dominação.

Convencer jovens a ir para a guerra e lutar por uma religião ou por um país, matar em nome de Deus ou por uma supremacia racial ou nacionalista, "para derrubar ditadores", ou por qualquer outra coisa, é algo estarrecedor; é difícil imaginar como algumas mentes podem ser tão doentias a ponto de promover uma matança anunciada de milhares de pessoas, dos que estão do seu lado e dos "inimigos", considerando que inimigo é quem simplesmente nasceu em outro país, ou é de uma outra cor de pele, ou pertence a outra religião, ou outra ideologia política. Mas é também difícil de entender que milhares de jovens acreditem que uma guerra é justa, é necessária, é benéfica, ou até mais do que isso, obrigatória e indispensável. Em um mundo racional, os líderes brigões deveriam marcar um duelo em alguma arena com ampla divulgação midiática, anúncios na televisão, rádio e jornais, milhões de curtidas nas redes sociais. Com uma cobertura mundial do grande Evento, eles escolheriam as armas, duelariam, quem vencesse iria para casa aclamado como um grande herói, quem morresse seria enterrado com desonra eterna, o público no local do evento juntaria os pacotes vazios de pipoca, as latinhas de *refri*, colocaria no lixo seco, iriam todos para casa aproveitar o restante do feriado. Ao invés de milhões, morreria um só, ninguém sairia ferido ou ficaria aleijado, os serviços diplomáticos tentariam resolver da maneira mais justa o conflito, se é que realmente havia conflito.

Se, por acaso, uma ou ambas as partes não ficassem satisfeitas, escolheriam um outro brigão e haveria novo duelo, em que, novamente, ao invés de milhões de pessoas, morreria um só, e assim os conflitos iriam sendo resolvidos, ou no caso de morrerem todos os líderes brigões, acabariam os conflitos, quando todos veriam que, na verdade, esses conflitos nunca existiram, e todos poderiam ir cuidar de sua vida, ninguém ferido, ninguém morto, todos em casa, vendo uma televisãozinha, comendo uma comidinha, abraçando a mamãe, o papai, seu namorado ou marido, sua namorada ou esposa, seus filhinhos, indo dormir, na manhã seguinte a vida continuaria.

O problema é que os fabricantes de armas não gostariam disso, mas até para isso haveria uma solução, bastaria mudar o ramo de seu negócio, quem sabe produzir eletrodomésticos ecologicamente corretos, ou alimentos orgânicos, ou medicamentos sem efeitos colaterais, fontes energéticas não poluidoras, tantas coisas boas para produzir, por que armas?

Conscientização dos domadores

Algumas pessoas dotadas de muita inteligência, mas pouca sabedoria, um dia tomam a decisão de que ganhar dinheiro, ficar rico, morar em casas suntuosas, viajar e hospedar-se nos melhores hotéis, ter carros importados de luxo, roupas caras, joias, festas *vip*, dinheiro no exterior etc., é a coisa mais importante de suas vidas e passam a dedicar-se prioritariamente a isso. Para alcançar esse objetivo, aproximam-se de onde o dinheiro e o poder estão, que é no sistema financeiro, no meio político, nas grandes empreiteiras, nas multinacionais, enfim, onde vivem e convivem os que também têm essa meta de serem ricos, poderosos e "aproveitarem a vida". Raros alcançam esse resultado por meios lícitos, com honestidade, a maioria acredita que o que importa é chegar ao objetivo e que os fins justificam os meios.

Essas pessoas são as responsáveis pela desigualdade social em nosso planeta e pela violência daí decorrente, pois, acumulando o dinheiro consigo, o afastam da imensa maioria dos demais, que se tornam então a chamada classe média, os pobres e os miseráveis, que por um lado trabalham para eles e, por outro lado, são os maiores consumidores dos produtos que colocam à venda, sejam benéficos ou maléficos, indispensáveis ou supérfluos, lícitos ou ilícitos. Para essas pessoas cujo Deus é o dinheiro, isso não importa, estar do lado da lei, estar à parte, fabricar ou vender ou ofertar produtos e bens de consumo benéficos ou maléficos, adoecer ou matar os consumidores (como é o caso das bebidas alcoólicas e do cigarro ou das drogas chamadas ilícitas), nada lhes importa, apenas ganhar dinheiro e usufruir do que "a vida tem de melhor", segundo a sua distorcida visão.

Essas pessoas são como os domadores de animais selvagens nos circos, que os dominam desde filhotes até que obedeçam cegamente aos seus comandos. A diferença entre esses domadores de animais selvagens e os domadores da nossa cabeça é que aqueles utilizam-se do medo e do temor, enquanto estes utilizam um outro método, digamos, mais civilizado, o do convencimento de que somos livres e independentes, quando, na verdade, somos dominados por eles, por meio de estratégias tão ardilosas quanto eficazes, desenvolvidas a várias mãos, com a ajuda de algumas agências de publicidade e de parte da grande mídia, interessadas também, apenas, em ganhar dinheiro e ter o poder. Esse conluio consegue domar e convencer os animais humanos de que devem beber, fumar, ingerir alimentos que nem deveriam ser assim denominados, adquirir produtos totalmente dispensáveis; claro que apenas uma pequena parcela da população mundial tem capacidade para isso, pois a imensa maioria dos deserdados do dinheiro e do poder, os eternos explorados, mal e mal conseguem sobreviver cada dia de uma vez, dia após dia, e desejam apenas manter-se vivos; mas esses não interessam aos domadores, eles já estão domados pelas circunstâncias da vida, e para os que se rebelam e querem vingar-se de quem, na sua opinião, são os responsáveis pela sua situação, ou também querem ser um pouco parecidos com os que veem na televisão ou na *internet*, existem os presídios para serem encarcerados e saírem depois piores do que entraram, mais magoados, mais tristes, com mais raiva, mais indignação, e quem pode tirar-lhes a razão de se sentirem assim?

Mas os domadores não se importam, o seu coração está fechado, para eles está tudo bem, tudo certo, alcançaram o que queriam alcançar, a vida é uma grande aventura financeira, e eles são os vencedores. É assim que enxergam as coisas, não têm nada a ver com os outros, é cada um por si, eles são mais inteligentes, mais espertos, qualquer um em seu lugar faria a mesma coisa, a vida é uma competição e eles estão na frente, os louros da vitória ornamentam sua cabeça, acreditam que todos os invejam e querem estar em seu lugar, os que os criticam é porque não têm capacidade para chegar onde eles chegaram, eles são especiais, todos os demais servem apenas para lhes oportunizar ganhar mais dinheiro e ter mais poder.

Esse tipo de pessoa, talvez uma em cada 10 mil, é a que domina tudo no nosso planeta, é a que cria a desigualdade social, a miséria, a fome, a terrível deficiência na educação, o péssimo atendimento de saúde, enfim, a ação nefasta de uma minoria de pessoas transforma o que poderia ser um paraíso de igualdade, felicidade e bem-viver em uma permanente situação catastrófica permeada de violência, de lutas, de terrorismo, de guerras, tudo provocado e mantido para que essa minoria seja dona da maior parte do dinheiro do mundo e de todo o poder.

A desigualdade social não é uma condição aleatória, casual, ela é fabricada e mantida porque dá lucro para os donos das nossas cabeças. É como os nobres que viviam dentro dos castelos, em uma vida artificial, irreal, vivendo do que recolhiam do povo que sobrevivia lá fora, sob a forma de impostos. Hoje, a maioria deles continua lá dentro, não mais de castelos, mas de mansões, das Câmaras, do Senado, no Governo ou contra, mas sempre por perto, e sempre perto do dinheiro, e a maioria lá fora sustentando-os. Após milhares de anos, nada mudou, a não ser um movimento silencioso, de pessoas honestas, indignadas, que cresce e se expande, e que, em breve, assumirá o poder. Espera-se que não repitam o antigo padrão de, depois de estarem lá dentro do castelo, esquecerem-se dos seus e tornarem-se os novos "eles".

8. FORÇA DE CARÁTER

Para resistir ao apelo consumista de um Sistema eminentemente capitalista, que visa a nos transformar em robôs consumistas, submissos aos comandos dos donos da nossa cabeça, é necessário termos algo que, às vezes, parece estar saindo da moda, ou que já saiu, chamado "Força de Caráter". O que é isso? É uma força interior, conectada à nossa Consciência, que nos diz o que é certo, o que é errado, o que é honesto, o que é desonesto, o que é digno, o que é indigno.

O que existe hoje no Brasil é decorrente da invasão ocorrida em 1500 pelos portugueses, quando iniciou a tendência à mentira, que vigora até hoje, chamando "invasão" de "descobrimento", usando as mais perversas táticas para enganar, roubar e aprisionar os índios, os verdadeiros donos desta terra, mais tarde chamada de "país", quando vieram padres "catequizadores" a serviço de Portugal, para convertê-los de "pagãos" em "cristãos", convencê-los a abandonar uma Religião linda, baseada no amor e no respeito à natureza, e adotar uma Religião triste e sombria, baseada em culpa e castigo, que hoje, felizmente, está mudando, se modernizando.

Desde lá, e até hoje, predomina no nosso país a cultura do "levar vantagem", que popularizou-se em uma Copa do Mundo como "A Lei de Gérson", um antigo craque de futebol que cantou em prosa e verso que "O negócio é levar vantagem, certo?", que é ganhar aqui, enganar ali, dar um jeitinho, corromper alguém para obter alguma vantagem, deixar-se corromper para alguém ganhar com isso, enganar-se no troco, enfim, uma cultura brasileira originada lá no "descobrimento". Apenas recentemente, começa a ocorrer uma mudança de pensamento, de postura, mas ainda muito arraigada, que levará algumas gerações para mudar radicalmente, rumo à honestidade acima do ganho pessoal, ao correto acima do lucro fácil, ao digno acima do "levar vantagem".

Cada nova geração vem para mudar o mundo, melhorar as coisas, endireitar o que está torto, mas sofre uma verdadeira lavagem cerebral desde criancinhas, e que é intensificada no decorrer da vida, promovida por pessoas muito inteligentes, mas que usam sua inteligência apenas em benefício próprio. É preciso ter muita capacidade de percepção e muita força de caráter para entender o que o Sistema faz conosco e resistir, mantendo-se firme e coerentes com nossa Essência espiritual. Aqui, neste mundo material, em uma sociedade basicamente infanto-juvenil, com péssimos (do ponto de vista moral) presidentes e políticos (a maioria), idem quanto aos banqueiros (que a única coisa que têm em mente é ganhar milhões de dólares), idem quanto aos traficantes (ibidem), com a maioria dos formadores de opinião (jornais, revistas, rádios e televisão) apenas de olho nos patrocinadores, independentemente dos produtos divulgados, se são úteis ou não, saudáveis ou não, é preciso ter muita força interior para manter-se coerente com os valores espirituais de amor, fraternidade e solidariedade.

Como podemos manter esses valores e não virarmos "boizinhos de presépio"? Você que é de uma geração mais atual, conhece essa expressão? Provavelmente, não; ela começou a ser usada quando, nas festas de Natal, nos presépios, os bois e as vacas mexiam a cabeça para cima e para baixo como se estivessem concordando com o que estava acontecendo. A partir daí, as pessoas que concordam com tudo, que não questionam, aceitam passivamente e fazem tudo que lhes mandam fazer, passaram a ser chamadas de "boizinhos de presépio". Você é um "boizinho de presépio"? Espero que não. Você é um Guerreiro da Luz, nunca esqueça disso, mesmo que tenha sido convencido de que McDonald's é alimento e Coca-Cola é refrigerante. Se você, neste momento, estiver pensando: "Eu sei que não são, mas eu gosto...", lembre-se daquele boizinho do presépio e dos boizinhos e das vaquinhas de verdade. O que fazem com eles depois que engordam? Matam e comem.

A Força de Caráter manifesta-se em todos os momentos de nossa vida, mas principalmente quando acaba a adolescência e entramos na chamada "vida adulta", em que iremos trabalhar para nos sustentar. É aí que cada um mostra se é diferente dos ladrões, dos safados e dos corruptos, ou se é parecido ou igual ou pior. Os jovens, em sua maioria, são pessoas boas e honestas, mas necessitam ter Força de Caráter para manter-se assim em sua vida profissional, para resistir aos apelos do ganho meio escuso, do "jeitinho", do "todos fazem...", e por aí vai. Aliás, a expressão "E por aí vai..." é bem significativa, pois mostra por onde vai quem começa a cometer pequenos deslizes morais, pequenas falcatruas, mentirinhas, enganar um cliente, não falar toda a verdade, pois por aí vai... Vai perder seu caráter, vai perder a honestidade, vai ficar igual às pessoas que venderam sua alma para ficarem ricas.

Um Mestre Espiritual afirmou que, na nossa vida, devemos cuidar com as pequenas coisas, e isso inclui sermos honestos e dignos o tempo todo ou, alguns, na maioria do tempo, outros, quando possível ou nem sempre, e por aí vai. Um funcionário público que aceitar ganhar uma graninha para acelerar o andamento de um processo, um vendedor de carros usados que omite algumas coisinhas daquele carro, um corretor de imóveis que não informa como está a parte hidráulica ou elétrica daquele imóvel, podem criticar os banqueiros, os políticos? Se cometem pequenas falcatruas, mentirinhas, em sua prática diária, se estivessem lá onde estão os grandões, não estariam fazendo o mesmo que eles? Talvez você seja uma dessas pessoas e esteja se ofendendo agora, mas deixe eu lhe explicar uma coisa: não estou dizendo que você não tem caráter, estou dizendo que você não tem Força de Caráter. São coisas diferentes. Estou dizendo aqui que não basta ser honesto em seu íntimo, é necessário ser honesto em sua prática diária. Não basta ser honesto dentro de si, tem de provar para si mesmo que tem força para ser honesto diante das armadilhas da vida.

Ter Força de Caráter é colocar o amor, a fraternidade, a solidariedade, a justiça acima de tudo, mesmo que, para isso, não consiga aquele emprego, não receba aquela promoção, não se torne rico, não fique famoso. Caráter, todos temos, mas Força de Caráter, infelizmente, nem todos. Você tem? Sempre? Ou às vezes sim, às vezes não?

9. A CONSCIÊNCIA ECOLÓGICA

Quem é jovem nem consegue imaginar como eram as coisas, do ponto de vista ecológico, algumas décadas atrás. No tempo em que eu era jovem e morava com meus pais, não havia o hábito de separar o lixo, não jogar o óleo de cozinha usado na pia, não jogar coisas pela janela do carro, economizar luz elétrica, alimentação vegetariana nem pensar – vegana então! –, assuntos como poluição do ar, poluição do mar, nunca ouvi falar, enfim, éramos totalmente alienados, nos poluíamos internamente com muita carne, refrigerante, muito doce, e poluíamos o meio ambiente sem, literalmente, sabermos o que estávamos fazendo.

Hoje em dia, o assunto "Ecologia" tornou-se prioritário, não só aqui no Brasil, mas no mundo todo. Ele pode ser dividido em dois aspectos: Ecologia pessoal e Ecologia externa.

Ecologia pessoal é como cuidamos do nosso meio ambiente interno, do nosso corpo, da nossa alimentação, dos nossos pensamentos, dos nossos sentimentos, dos nossos hábitos e de tudo mais que esteja envolvido com a nossa saúde, física, emocional e mental. Como pai, como terapeuta e como uma pessoa que acredita que estar vivo é uma oportunidade de fazer coisas boas e ajudar o mundo a melhorar, vejo três tipos de jovens:

1. Os que têm uma consciência ecológica e a praticam, ou pelo menos tentam.

Esses jovens são os verdadeiros Guerreiros que realmente irão colaborar para melhorar o mundo, não são egoístas, não são "boizinhos de presépio", são fortes, firmes, amorosos, solidários, preocupados com os outros, são pessoas importantes para a humanidade e para o planeta.

2. Os que têm uma consciência ecológica mas não têm força de vontade de praticá-la, ou tentam um pouquinho mas não resistem muito tempo.

Esses são os *quase*, têm uma consciência quase ecológica, mas ainda são muito infantis, do ponto de vista emocional, quase acreditam nisso, mas são preguiçosos, quase gostariam de viver de uma maneira mais saudável, mas são desleixados, quase têm vontade de ajudar os outros, mas são desorganizados. Se se esforçarem, poderão ser como gostariam de ser, mas isso exige uma disposição, uma determinação que lhes falta, mas que pode ser cultivada e conquistada. Têm a teoria, falta a prática, e necessitam deixar de ser um quase e tornar-se um ser humano verdadeiro.

3. Os que não têm consciência ecológica e acham tudo isso uma bobagem.

Esses talvez só mais adiante, em outra encarnação. Estão muito afastados de sua essência, usam uma máscara, que pode até impressionar à primeira vista, mas, por trás dela, não se encontra muita coisa, são vazios, superficiais, supérfluos. Pode ocorrer, durante a vida, uma crise de consciência, e encontrarem-se consigo mesmos, mas, mais comumente, apenas passam pela vida sem causar muito impacto positivo, são, digamos, neutros.

A Ecologia pessoal engloba o que comemos, sejam realmente alimentos, sejam porcarias que nem merecem ser chamadas de alimentos. Alimento é o que alimenta, o que não alimenta não é alimento, é, no máximo, comida. Chamar presunto, salsicha, salsichão, ovo frito, arroz branco, pão branco, pizza etc. de alimento é quase uma heresia. Você sabe o que presunto, salsicha, salsichão fazem com você? Vá lá no Google e apavore-se! Você sabe o que é isso que chamam de arroz? É o miolo do arroz de verdade; sabe o que ele é? É o açúcar do arroz. As fábricas "beneficiadoras de arroz" retiram todo o entorno do açúcar do arroz e vendem para os Laboratórios fazerem vitaminas para você comprar ou enviam para alimentar nossos irmãos animais para os engordar antes de nós os comermos. Sabe o nome do arroz de verdade? Arroz integral.

Sabe como é feito o açúcar branco? É o açúcar de verdade (açúcar mascavo) tratado com ácido sulfúrico! Você consegue imaginar o que comer ácido provoca dentro de você?

Sabe a fórmula da Coca-Cola? Nem eu, ninguém sabe. O mundo todo bebe Coca-Cola e ninguém conhece sua fórmula secreta. E os Órgãos "fiscalizadores" da saúde permitem que o mundo todo beba algo secreto. Nada como alguns milhões de dólares para comprar consciências e ganhar vários bilhões.

Os jovens mais avançados consciencialmente têm a compreensão de que devem botar para dentro de si apenas o que irá lhes alimentar, tenham ou não força de vontade para praticar isso, ou às vezes praticar, às vezes não. Muitos já se tornaram vegetarianos ou veganos, podem ter algumas recaídas, mas sabem diferenciar o que é bom para si e o que não é. Muitos jovens quase conscientes, quase fortes, comem um Mac com Coca-Cola e batatinha frita e até gostam, mas sabem que estão se envenenando, mas se enganam, dão uma risadinha e vão fazer alguma outra coisa.

A ecologia externa é cuidar do seu entorno, do meio ambiente, da sua cidade, do planeta. É uma extensão de como cuidamos do nosso corpo, como cuidamos do nosso quarto, como cuidamos da nossa casa, pois só irá cuidar do meio ambiente, da sua cidade e do seu planeta quem sabe cuidar do seu corpo, do seu quarto, da sua casa.

Você tem esse cuidado? Come alimentos saudáveis, toma banho todos os dias, estende a toalha para secar, escova os dentes direitinho, corta as unhas, troca de meia todos os dias, arruma a cama, varre o chão, dobra sua roupa e guarda no armário, seu material escolar ou de trabalho está organizado? Acorda cedo, aproveita o dia, tem ideias e projetos humanitários, quer fazer coisas importantes para o mundo, quer ser útil para seus irmãos e irmãs mais carentes? Se sim, você é uma grande pessoa, parabéns!

Se você acha tudo isso que coloquei acima bem interessante, gostaria de fazer mas não faz, pergunte-se por quê? Ou foi criado de qualquer jeito, te deixaram lá no seu quarto crescendo, ou foi mimado, fizeram tudo por você, ou ninguém te cobra nada, ninguém te dá uns bons conselhos. Mas a base, o conteúdo, você tem, basta assumir e botar convicção nas suas ideias. Você poderá ser uma grande pessoa, esforce-se para isso!

Se você acha isso tudo uma bobagem, uma "viagem", nos vemos mais adiante, em alguma outra encarnação.

O meio ambiente precisa de nós, o ar, as florestas, nossos irmãos animais, o mar, os peixes, os pássaros, os insetos, todo o nosso planeta precisa que os seres humanos deixem de ser o seu pior habitante, o mais predador, o mais irresponsável, o mais destrutivo. Não há registro na História de um animal pior que o ser humano, que está sempre invadindo o país dos outros, roubando, saqueando, os adeptos de uma religião lutando contra os adeptos de outra em nome de um Deus cruel, julgador, condenador, que não existe, criado pela imaginação maléfica de alguns assassinos travestidos de religiosos, pessoas de uma cor de pele acreditando-se especiais, superiores a outras de outra cor de pele, no nosso país dezenas de partidos políticos criados por pessoas más, apenas para receber benefícios financeiros, fazer conchavos entre si, dominar as Câmaras, os Congressos, o Senado, dividindo o dinheiro entre si, fazendo com que a imensa maioria das pessoas do chamado "povo" viva na miséria, crianças, velhos, doentes, deficientes, um regime democrático de faz de conta, apenas democrático no nome e na aparência, mas, na verdade, uma ditadura, a ditadura da maldade de uma minoria afetando uma população inteira.

Por que estou falando sobre isso aqui? Porque compete às novas gerações, aos jovens, mudar isso, são a nossa esperança, para isso encarnaram, para isso estão aqui, mas necessitam enxergar o que o Sistema faz com eles, precisam abrir os olhos, erguer a cabeça, libertar-se do domínio das quadrilhas oficiais, as cervejarias e a indústria tabagista, e das substâncias psicoativas. Estas últimas, se forem mesmo como muitos jovens alegam, isto é, se ajudam na espiritualização, penso que podem ser usadas com devoção, com respeito, com essa intenção, e apenas eventualmente, não diariamente ou em todos os finais de semana.

Compete aos jovens criar uma nova maneira de fazer política, serem os novos políticos, criar um novo mundo, serem os novos industriais, os novos comerciantes, os novos formadores de opinião, trazer o novo para este Sistema velho, decadente, perverso, usarem sua capacidade de indignação a favor dos pobres, dos miseráveis, dos injustiçados, lutarem por meio da palavra, pacificamente, mas com firmeza, com amor, mas com força, darem um exemplo de como as coisas devem ser.

Jovens, vocês são a nossa esperança, a geração dos seus pais e dos seus avós não conseguiu criar um mundo novo, ou nem tentou. Agora é com vocês.

10. COMO RESISTIR AO APELO CONSUMISTA

Neste mundo capitalista, cujo Deus é o lucro, não é fácil resistir aos apelos consumistas, elaborados da maneira como são, por pessoas especializadas em nos convencer de que aquilo que é oferecido é especial, é muito bom para nós e, com bastante frequência, indispensável para o nosso conforto ou felicidade. Claro que existem produtos bons, alimentos bons, supérfluos bons, sonhos de consumo bons, mas se passarmos algumas horas em frente à televisão, o que nunca faço e não recomendo, somos bombardeados com uma oferta absurda de coisas, a maioria totalmente inútil, desnecessária e, frequentemente, prejudicial para nós, seja para nossa saúde física, seja para nossa saúde financeira.

As propagandas dependem do horário e do turno em que são veiculadas, pela manhã e à tarde para mulheres, crianças e aposentados, à noite para quem trabalha durante o dia. Também dependem do programa, filme, minissérie, novela etc. que está no ar e do tipo de pessoa que assiste a eles, do canal de televisão e do público que atinge, da classe A, B, C ou D, enfim, não pense que as propagandas são colocadas em qualquer lugar e hora, de qualquer jeito. O minuto na TV é caro e tem de valer a pena para quem vende aquilo que está sendo oferecido. Para os proprietários dos canais, o que está sendo oferecido não importa, se é bom para nós, se é ruim, se é honesto, se é desonesto, o que importa é completar a grade, vender todos os minutos em que o canal está no ar.

As propagandas são elaboradas por agências de publicidade em que pessoas criativas passam o dia todo bolando estratégias, criando anúncios, gravando, filmando, com uma só finalidade: vender o máximo que puderem para o maior número possível de pessoas. Uma nova marca de cerveja... como irá se chamar? Deixa ver... tem que ser um nome atrativo, que dê um ar de liberdade, de alegria, de sucesso, algumas pitadas de sacanagem, um tanto de sedução, pode descer redondo, pode ser proibida, uma loira gelada, um ator, uma atriz, sempre cai bem, um cantor, uma cantora, isso atrai, jogador de futebol vende bem, na beira da praia, numa *happy hour*, numa montanha, o tempo todo "Beba! Beba! Beba!", no final, bem rapidinho, "Se for dirigir, não beba".

Pela manhã e à tarde, coisas para crianças. Na sua maioria, não são coisas boas para elas, são para elas obrigarem seus pais a comprar, para não ficarem traumatizadas e os pais, culpados. Os "alimentos" para crianças, tudo colorido, tudo químico, tudo engorda, provoca diabete, aumenta o colesterol, obesidade, cárie dentária, vai viciando as crianças em um padrão "alimentar" colorido e doce, tudo referendado por "heróis" americanos, todos Super-Isso, Super-Aquilo, apresentadores e apresentadoras de programas infantis na TV vendendo porcarias para elas, simpáticos bichinhos, franguinhos sorridentes, porquinhos felizes, *jingles* com letras tão bonitinhas vendendo comidinhas repletas de agentes cancerígenos, batata-frita, batata-palha, McDonald's, Burger King, Coca-Cola, Pepsi-Cola, e as nossas crianças ali, querendo tudo, comendo de tudo, engordando, extravasando sua energia retida nos "inocentes" jogos de metralhar, arrancar braços, cabeças, matar, sangue, explosões, indo no psiquiatra tomar Ritalina para seu TDAH.

11. REENCARNAÇÃO E ADOLESCÊNCIA

Numa sociedade como a nossa, uma sociedade-passatempo, francamente estimuladora de falsos valores, que faz apologia do fútil, do superficial, do imediatismo, do prazer sensorial, é de fundamental importância que os jovens, que muitas vezes estão caminhando cegamente por um atalho, percebam o que é real e o que é ilusório, o que é verdadeiro e o que é falso, o que é digno de sua atenção e o que deve ser descartado. Os adolescentes de hoje vivem uma época maravilhosa quanto ao acesso às coisas espirituais, esotéricas, místicas, que se manifestam em sua grandeza, ainda não completamente, mas já sinalizando o caminho para o Homem do próximo Milênio, que vai indo cada vez mais para dentro de si mesmo, rumo à Perfeição, ao seu Deus interior.

Mas, ao mesmo tempo em que as vitrines das livrarias transbordam de mensagens espiritualistas, em que proliferam Clínicas e Cursos dos assuntos energéticos e espirituais, seja na área do autoconhecimento, seja na das Terapias Alternativas, quando os canais de televisão abrem espaço para o debate e a divulgação dessas antigas verdades, quando as revistas e os jornais rendem-se ao crescimento inevitável do interesse das pessoas a esse respeito, quando tudo sinaliza para a chegada da

Nova Era, o velho paradigma, teimosamente, insiste em fazer de conta que isso é apenas uma moda passageira, algo que irá passar. E assim como é impossível impedir a chegada do amanhecer, um novo dia da humanidade começa a raiar no horizonte, sinalizando o desabrochar do novo Homem, mais sábio, mais profundo, mais engajado, mais consciente do seu papel transformador, de sua responsabilidade consigo mesmo, com os outros e com todo o planeta.

E quando um adolescente começa a pensar no que vai ser na vida, no que vai trabalhar, no que vai fazer para ganhar dinheiro, é muito importante que primeiro passe um pano e retire a poeira mofada dos velhos valores que lhe obscurecem a visão. Precisa ser estimulado a realizar um profundo trabalho interno de limpeza e de descontaminação de tudo que o poluiu desde que retornou a este mundo, das mensagens subliminares, consumistas e sexuais dos programas "infantis" da televisão, desde quando era apenas uma criancinha, da violência dos "inocentes" jogos eletrônicos que estimulam os instintos inferiores, dos sutis decretos consumistas que lhe dizem o que deve ou não usar, o que está ou não na moda, da obscura imposição, aparentemente vinda de lugar nenhum, que lhe diz o que deve ou não fazer, o que é certo ou errado, o que é conveniente ou não, o que é adequado ou não.

Numa sociedade que prioriza o passar o tempo, o bem-estar a qualquer preço, o viver sem rumo e sem finalidade, que cria e adora falsos ídolos, falsos heróis, tão instantâneos e sem conteúdo como ela própria, em que as Escolas trabalham prioritariamente o hemisfério esquerdo, estimulando em seus alunos apenas o lógico e o racional, sem perceber o quanto é perigoso acreditar demais nesse hemisfério, em que as diversões são apenas isso, diversões, as noites são para curtir, as férias são para curtir, a vida é para curtir, e durante o dia – que saco! – tem que estudar, tem que trabalhar, como querer que nossos adolescentes se tornem adultos que irão melhorar o mundo? Ainda mais quando o que se verifica é que muitos adultos parecem mais crianças ou adolescentes do que realmente adultos.

Mas, de qualquer maneira, e apesar de tudo, o mundo vem melhorando, passando por cima das forças que insistem em nos idiotizar, nos robotizar, nos manipular como a um rebanho cordato e passivo, graças ao enorme impulso criativo inato do ser humano e à energia transformadora que ecoa por todo o planeta, que faz com que, aos poucos, a raça humana vá evoluindo e chegando cada vez mais perto de um nível superior de consciência. Poderíamos estar indo mais depressa, mas a Inquisição ainda não acabou, ela agora se traveste, não "purifica" mais no fogo, mas ainda acredita que tem o poder, não percebeu que não é dona de mais nada, além dos seus ranços e de seus raciocínios retrógrados e separatistas.

Uma boa tática para os adolescentes que desejam aproveitar espiritualmente a sua encarnação é evitar cair em estados negativos de pensamentos e sentimentos a respeito de seu pai, de sua mãe e de outros familiares. Muitos jovens queixam-se, e com razão, de eles serem ausentes, materialistas, autoritários, pouco carinhosos etc. Mas não devem se estragar por isso, deixar de se comprometer mais com o seu Espírito, com o seu objetivo pré-reencarnatório de evolução, de melhorar o mundo, nem se desviar pela ação de outro Espírito encarnado, tenha o rótulo familiar que tiver, perdendo-se em mágoa, raiva, tristeza e autodestruição. Um filho que sente mágoa e ressentimento em relação a seu pai, por ser ausente, não participativo, ou agressivo, autoritário, apesar de aparentemente ter razão nesses sentimentos, não deve estragar a sua encarnação por causa disso. Deve comprometer-se com o seu Espírito. Um filho que se queixa de seu pai ou de sua mãe sabe o que pode ter feito para eles em outras encarnações? Sabe se não fez até algo pior? E também deve ver se é melhor que eles.

Quando um adolescente se queixa do seu pai ou da sua mãe, e acredita na Reencarnação, deve perguntar-se por que escolheu esse pai ou essa mãe, por que estão ligados? Será que já foi pai ou mãe de seu pai ou de sua mãe e fez a mesma coisa, ou pior? Será que veio como filho para ajudar esse pai ou essa mãe, salvá-los de vícios de conduta, de hábitos, mas não está conseguindo e com isso magoa-se, entristece-se ou irrita-se? Pais e filhos são Espíritos encarnados e, quando apresentam dificuldades de relacionamento entre si, devem procurar harmonizar-se, pois quase certamente já vêm se conflitando há muito tempo e, então, aí está um dos seus objetivos pré-reencarnatórios. Uma boa maneira de alcançar isso é olharmos os pontos positivos do nosso conflitante, em vez de ficarmos presos apenas ao que não gostamos nele(a), como se fôssemos os donos da razão, os perfeitos, os apóstolos da virtude, esquecendo o que nos ensinou o Divino Mestre: "Não fazei aos outros o que não queres que te façam!". Todos amam Jesus, mas quem realmente pratica isso? Quem ama ao seu próximo como a si mesmo? E quantos tratam os outros como querem ser tratados?

Geralmente, o exemplo para o uso do cigarro, do álcool e de outras substâncias é dado pelos pais, em sua casa, nas festas, com o seu cigarro, com o seu uísque, com a sua ausência, com a sua falta de orientação espiritual, com a sua agressividade, com o incentivo aos falsos valores, à materialidade, à futilidade, criando um vazio existencial em seus filhos, uma falta de sentido para a vida. E os jovens, que naturalmente anseiam por uma finalidade, que buscam um caminho, criam-se recebendo exemplos de desperdício da encarnação, seja dos seus pais, seja da televisão, seja dos programas "jovens" das rádios, e de todos os lados sofrem um bombardeio de futilidade da nossa sociedade-passatempo. Os mais sensíveis não resistem e querem fugir nessas "viagens", e aí são chamados de drogados. Nós, pais, devemos ficar atentos ao exemplo que estamos dando para os nossos filhos. É realmente positiva a nossa mensagem? Estamos mostrando o valor da honestidade, da moral, da ética, do amor, da doação? Estamos realmente caminhando em linha reta, com simplicidade, com igualdade, com sinceridade, com fraternidade, com justiça, ou estamos, na verdade, passando a esses irmãos que chegaram depois de nós um exemplo de hipocrisia, de raiva, de impaciência, de tristeza, de desânimo, de falta de perspectiva, de vícios como beber, fumar, e outros menos explícitos?

Muitos jovens que fumam, que bebem, que usam outras substâncias, geralmente têm dificuldade de se adaptar a este lugar, e frequentemente não receberam uma boa orientação moral e espiritual por parte dos seus pais. Muitos deles que estão se perdendo por aí, bebendo, fumando, "aproveitando a vida", recebem de seus pais um mau exemplo, uma visão materialista da realidade, faltando os verdadeiros valores do amor e da caridade. Outros jovens que usam substâncias, lícitas ou ilícitas, que estão se autodestruindo, que esqueceram de sua Missão, são Espíritos ainda imaturos, que não têm condições de entender o lado espiritual da existência, e nesse caso a nossa sociedade materialista estimula ainda mais os seus aspectos inferiores. Mas uma grande parte dos adolescentes perdeu o rumo, pois desde a infância receberam uma orientação contrária aos verdadeiros ideais espirituais. Foram sendo, aos poucos, contaminados com informações vazias e superficiais, em casa, nas Escolas, nos meios de comunicação, e essas contaminações atuaram de tal maneira que desenvolveram neles a vontade de destruir-se, de ir embora daqui, desse mundo construído por seus pais, e, para sermos sinceros, não podemos mesmo afirmar que nos orgulhamos de nossa obra.

Nós somos os verdadeiros responsáveis por essa epidemia entre os jovens, e para acabarmos com isso devemos, antes de tudo, modificar o nosso interior, fazer um *mea-culpa*, reconhecer os nossos erros, os nossos equívocos na educação e no exemplo que temos dado a eles. Hoje em dia, muitos pais não bebem nem fumam, estão dando um bom exemplo para seus filhos. A condenação dos jovens que usam drogas lícitas e ilícitas é uma hipocrisia, pois, enquanto a nossa sociedade for uma droga, o nosso telhado de vidro não autoriza a nos arvorarmos defensores da moral e dos bons costumes. Eles necessitam de orientação a respeito da Missão, a respeito de Reencarnação, entender a inferioridade do nosso Plano, e não se perderem nas armadilhas dessa sociedade terrena, mas, sim, colaborar com as forças do Bem e lutar pela implantação definitiva do Reino do Amor no nosso planeta.

Os filhos, à medida que vão crescendo e começando a pensar qual profissão irão seguir, devem receber a orientação dos pais de que se encaminhem para uma atividade que esteja alinhada ao Bem, procurando endereçar o seu trabalho, o seu esforço, a sua dedicação, para o bem dos outros, para a evolução da humanidade. Não devemos falar em ganhar dinheiro, em adquirir bens materiais, em posição social, em inflação do ego, em competir com os outros, pelo contrário, devemos mostrar como realmente aproveitar a atual encarnação. Mas, para que funcione, nós devemos estar fazendo isso, senão será somente um *blá-blá-blá*, pois "As palavras comovem, mas os exemplos arrastam".

12. O USO DE SUBSTÂNCIAS E O EGOÍSMO

Depois de muitos anos trabalhando como psicoterapeuta em consultório, depois de ter sido criança, adolescente, adulto jovem, encaminhando-me para a reta final desta encarnação, tendo recordado várias de minhas encarnações passadas, quero deixar registrado em um livro uma concepção a respeito da mais problemática de nossas circunstâncias terrenas: a relação entre o Egoísmo e as drogas. Mas não quero falar apenas das drogas permitidas, como o álcool e o cigarro, e das proibidas, como a maconha, a cocaína, o *crack* etc. Quero falar aqui sobre várias drogas, que vêm antes do uso daquelas, nos cegando, nos manipulando, e até incentivando sutilmente o seu uso, como a nossa estruturação social, que também é uma droga, a programação das emissoras de televisão, que em grande parte é uma droga, muitos pais e mães perdidos neste mundo material, que também se tornaram uma droga, muitos filhos que, cegos pelo tiroteio materialista, ficaram uma droga, e tantas outras drogas.

Não critico os usuários de drogas, lícitas e ilícitas, pois não os vejo como doentes nem como vilões e, sim, como vítimas, entre tantas outras vítimas de uma visão construída pela nossa humanidade, que foi afastada da visão real a nosso respeito, a visão reencarnacionista, que nos compromete com a nossa encarnação, que traz uma finalidade e dá sentido a ela, que nos mostra um rumo a seguir, uma meta a alcançar, um compromisso do nosso ego com o nosso Espírito. A visão reencarnacionista nos coloca uma espada de luz na nossa mão que nos ajuda a combater o mal que existe em nós e em volta de nós, visível ou invisível, e também a percebermos e a nos defendermos das drogas de informação e de estímulo ao materialismo, à superficialidade, ao "aproveitar a vida", que muitas vezes estão na base de uma vida transformada em uma droga de vida, nos usuários e mesmo nos não usuários de drogas, mas dependentes de outras drogas.

A noção de Reencarnação, abolida há 1.500 anos no Ocidente, pelo 2º Concílio de Constantinopla, e que retorna triunfante à nossa memória, graças ao efeito do Senhor do Tempo, do trabalho idealístico de mártires que dedicaram sua vida (às vezes literalmente) a sua divulgação, à influência cada vez mais crescente da filosofia oriental, e que invade o terreno das religiões, da literatura, da mídia em geral, e com isso recomeça a fazer com que tenhamos uma sensação, quando ouvimos falar nela, de "isso me parece tão racional, faz tanto sentido, responde às minhas perguntas e aos meus questionamentos, abre meus horizontes".

Ensinaram-nos uma ideia de vida que não corresponde à realidade, o nosso ego assumiu o poder sobre nós de tal maneira que grande parte dos valores e das metas que queremos e que ansiamos por alcançar não são de nenhuma utilidade, e a impressão que tudo isso gera é de estarmos brincando de viver, como crianças, mas o efeito disso não é ingênuo e inócuo como se o fôssemos, mas cruel e devastador, pois origina as diferenças sociais, cria e mantém os falsos valores, nos afasta totalmente do verdadeiro sentido da vida.

Isso nos convida a apenas sobreviver, como autômatos, como robôs, nos distanciando cada vez mais da nossa realidade espiritual, de uma possibilidade de vivermos dignamente, de nos tornarmos gradativamente iguais em todos os sentidos e, principalmente, de estabelecermos a meta da paz, do amor e da saúde como as finalidades principais da nossa vida, todos acreditando que estão buscando isso e que vão alcançar, mas impossibilitados por uma verdadeira lavagem cerebral que sofremos, e que continuamos sofrendo diariamente, que coloca o comando de tudo no nosso ego e nos afasta do comando central do nosso Espírito.

Uma das questões principais abordadas em um tratamento com Psicoterapia Reencarnacionista, para quem utiliza alguma substância tóxica, é o uso que damos ao nosso tempo. Vivendo em uma sociedade incentivadora do passar o tempo, e não do aproveitar o tempo, dependendo do uso que damos ao nosso tempo, iremos usar ou não substâncias, sejam as lícitas, que dão lucro aos donos das empresas fabricantes e aos governos, sejam as ilícitas, que dão lucro aos produtores e aos traficantes. A única diferença entre as drogas lícitas e as ilícitas é que umas são vendidas abertamente e outras de maneira sorrateira, umas têm propaganda e divulgação refreada para dar a impressão de que os governos realmente se preocupam com a nossa saúde mental, psicológica e física, e outras têm a sua propaganda e a sua divulgação entre os próprios usuários. E, por incrível que pareça, as piores drogas, as que mais adoecem, as que mais mutilam e as que mais matam são as lícitas! O cigarro e a bebida alcoólica adoecem e matam muito mais do que a cocaína e o *crack*. A maconha não adoece nem mata, apenas deixa muitos dos seus usuários aéreos, preguiçosos, postergando as coisas, achando que está tudo bem.

O cigarro, do ponto de vista do *marketing*, aos poucos começa a mudar da imagem do vencedor, do galã, das musas do cinema norte-americano, endereçado aos homens e depois às mulheres, desde a década de 1930, conseguindo viciar três ou quatro gerações, para a imagem da "liberdade", do "eu faço o que eu quero", do "ninguém manda em mim", e continua viciando os jovens e as crianças e mantendo no vício os adultos que não sabem ainda pensar por si mesmos e, como sempre, alcançando os seus objetivos.

Foi para isso que você reencarnou? Como está a sua evolução? Está cumprindo suas metas pré-reencarnatórias? O que seus Mentores Espirituais acham do que você está fazendo? Quando está fumando, quando está bebendo, quando está cheirando, enxerga quantos desencarnados estão ali, ao lado, fumando, bebendo, cheirando com você? E quando não consegue acordar de manhã, quem está deitado ali na cama e no seu quarto? Enxerga aqueles vultos? E os seus pensamentos de "Azar!", "Não quero nem saber!", são seus? Onde ficou aquele menino bonito, saudável? E aquela menina charmosa, querida? Como está a sua saúde? A sua pele, os seus brônquios, o seu fígado, o seu estômago? Como estão os seus neurônios? E aqueles planos, aquelas metas, onde ficaram? Para onde você está indo? Onde quer chegar, se é que quer? Está vendo aquele abismo, percebe que está na beirinha? É hora de parar!

Muitos jovens dizem que fumam um baseado porque não têm o que fazer, então vão fumar para se sentirem melhor, para curtir um som, para relaxar, para entrar na *internet*, para falar com os *brothers*, enfim, fumam porque não têm nada para fazer, já voltaram da aula ou do trabalho, agora é hora de curtir. A questão "não ter nada para fazer..." ou "agora é hora de relaxar..." é mais complexa do que parece, pois aí entram muitas coisas que precisamos entender. A principal delas é o exemplo que recebemos de nossos pais e da sociedade de como as coisas são, o que é incentivado pela televisão e pela *internet*, e o que mais permeia esse exemplo é a morte da nossa criatividade.

Uma grande parcela de pessoas é capaz de passar uma vida inteira soterrando a sua criatividade a tal ponto que nem de longe imagina que é uma pessoa criativa. Muitas crianças e adolescentes artísticos, pintores, escultores, músicos, escritores, poetas, artesãos, vivenciando um lar onde à noite todos param para assistir na televisão as demonstrações de criatividade de outras pessoas, vão entrando, sem perceber, em uma espécie de letargia física e mental, misturada com admiração e inveja, alicerçada pelos mecanismos de defesa do ego, principalmente a negação, e passam a dividir a vida em segmentos: as horas de estudar ("Que saco!") ou trabalhar (geralmente em qualquer coisa ou o mesmo que o pai ou a mãe ou o que algum parente faz, ou o que dá dinheiro ou *status*, ou o que não exige grande esforço), as horas de lazer (geralmente algum esporte competitivo ou encontros ou conversas de pouquíssima profundidade, frequentemente temperadas por cigarro, bebida alcoólica ou alguma substância ilícita) e as horas de sono.

O nosso verdadeiro talento criador, a motivação mais profunda de nossa Alma, a descoberta de nossa criatividade inata, que acalentaria o nosso coração, a prática de Yoga, da Meditação, a Interiorização que acalmaria os nossos pensamentos, preencheria o nosso vazio existencial, esvaziaria a nossa mente superficial, possibilitando acessar a Mente Divina, enfim, práticas internas, viagens reais para dentro de nós, sem o uso de nenhuma substância, em um local calmo e silencioso, tudo isso fica guardado, escondido, em algum recôndito espaço de nosso Espírito, à espera de que, um dia, cansados de fugir, esgotados de tanto correr e não chegarmos a lugar nenhum, fatigados de tanto pensar e nada concluir, resolvemos então parar, desligar a televisão, ler menos jornais, nos alhear um pouco da vida cotidiana, acalmar a nossa mente superficial, entender de onde vêm essa ansiedade, esse vazio, essa tristeza, o que estamos fazendo, onde queremos chegar, por que não conseguimos sentir paz?

Nesse momento, o cigarro não consegue mais nos confortar, a bebida alcoólica não cumpre mais o seu papel inicial de nos alegrar, a maconha nos leva cada vez mais para dentro e a realidade da nossa vida cada vez mais para fora, a cocaína não nos faz mais nos sentirmos fortes, destemidos e poderosos, o *crack* nos afunda cada vez mais, o *ecstasy*, o LSD, tantas coisas que a princípio pareciam que iam nos fazer felizes, livres, libertos, já não nos proporcionam mais aquela satisfação. O que é? O que está errado? O que está faltando?

É chegada a hora de entender onde está o sofrimento, onde está o problema, onde está a dor, onde está o vazio, o que é essa ansiedade, essa tristeza. E esse lugar, a sede de tudo isso, chama-se "pensamento". E o pensamento é um atributo do ego, da nossa persona, e como todos nós temos 500 mil anos ou mais, e o nosso ego, a nossa persona atual, tem 20, 30, 40, 50 ou 60 anos, e o pensamento não vem de toda a nossa sabedoria antiga, da Consciência infinita dentro de nós, de tudo o que fizemos desde que Deus nos criou e nos colocou neste planeta, e sim dessas poucas décadas, podemos pensar: "Que voz devo ouvir, a minha Voz de milhares e milhares de anos ou a minha voz de poucas décadas?". E essa é a questão mais importante da nossa vida.

Uma vez escutei um Mestre de uma certa Religião dar um conselho a um frequentador do seu Templo: "Quando não souber o que fazer, não faça nada!". Na ocasião, achei aquele conselho muito bom, mas confesso que um tanto folclórico, como se fosse uma mera frase de efeito. Hoje em dia, eu acredito que essa atitude – Se não souber o que fazer, não faça nada – pode ser a coisa mais importante que possamos fazer, não apenas quando não sabemos o que fazer, mas, também, quando sabemos ou achamos que sabemos. Estou falando da questão de "Quem deve estar no comando?". Digamos que, neste momento, alguém sinta uma vontade de acender um cigarro, abrir uma cerveja, fumar um baseado, cheirar uma carreira ou inalar um pouco de *crack*. Quem tomou essa decisão? Quem quer isso? Isso veio em seu pensamento, o pensamento vem do ego, o ego é basicamente egoísta e egocêntrico, suas palavras preferenciais são "eu", "meu" e "minha". Senão, vejamos: *Eu vou acender um cigarro... Eu vou abrir uma cerveja... Eu estou com vontade de fumar um baseado...* e assim por diante. Quem está no comando? O ego.

Agora, compare a sabedoria do ego com a sua Sabedoria. O que o ego sabe e o que o seu Espírito sabe? Antes de acender o cigarro, abrir a latinha, acender o baseado, ou se já fez isso, pergunte ao seu Espírito o que Ele acha disso. O ego reluta, não deixa, ele morre de medo de perder o controle que exerce sobre nós e lhe parece que, se abrir mão do comando, estará fadado ao desaparecimento, será o seu fim. Então, ele faz de tudo para não permitir que possamos escutar a Voz do nosso Espírito, ele se agita, ele fica ansioso, ele faz uma confusão dentro de nossa cabeça, quer nos atordoar, não quer permitir que consigamos parar de escutá-lo, ele tem todos os argumentos possíveis e imagináveis para se manter no comando, e nós geralmente concordamos com isso, pois achamos que somos nós que estamos pensando, mas é apenas o nosso ego. Estou falando de algo assim: Eu e o Mauro, aí fica mais fácil de entender. Eu sou meu Espírito, meu Ser Eterno, minha Consciência Cósmica, enquanto o Mauro é o nome do meu ego, da minha persona atual. Eu sou muito antigo, o Mauro é novinho, tem apenas 70 anos de idade. A quem devo escutar: a Mim ou ao Mauro?

Você quer acender um cigarro. Quem quer? Vai abrir uma lata de cerveja. Quem vai? Pegou a seda, vai fechar um baseado. Quem quer isso? Pegou um espelho, vai fazer umas carreirinhas. Quem está no comando? Já voltou da escola ou da Faculdade, ou do trabalho, ou ainda não foi, ou é de noite, ou é feriado, ou fim de semana, ou férias, vamos falar de "Como aproveitar o tempo". O que o nosso ego quer e o que o nosso Ser quer? Um diz: "Não tenho nada para fazer" ou "Que saco!" ou "Estou chateado" ou "Já estudei" ou "Já trabalhei" ou "É fim de semana" ou "Estou de férias", vou fumar, vou beber, vou me chapar, vou me ativar, por causa disso ou por causa daquilo, para isso ou para aquilo, argumentos não faltam, justificativas também não, motivações, raciocínios, o nosso pensamento é especialista nisso, pois é a maneira como o nosso patrãozinho ego fala conosco.

E nesse momento, na imensa maioria das vezes, acreditamos que o pensamento é nosso, que somos nós que estamos falando, que aquilo tudo, argumentos, justificativas, raciocínios, são nossos, e atendemos a esse apelo e fazemos o que nossa cabeça manda. Mas não somos nós, é o nosso ego, que é tão frágil, tão inseguro, que necessita exercer o poder sobre nós. O que nosso míope patrãozinho não conhece é a maravilha de relaxar, a delícia de entregar-se, a satisfação de abrir mão do comando, passar essa tarefa para a qual não está capacitado para quem realmente tem a Sabedoria, para quem tem o Poder, para quem sabe o que faz: o nosso Espírito, o Divino em nós.

Isso é tão simples, é tão fácil, é tão possível, mas quase ninguém consegue, mesmo querendo. E por que não? Porque não é querendo, é não querendo. Quem quiser falar com o seu Espírito, não o conseguirá, apenas quando praticar o não querer. Não é pensando que se alcança a Voz Espiritual, é parando de pensar. O pensamento é o ego no comando, ultrapassar esse limite é aprender a parar de pensar. Não sabe o que pensar? Não pense. Não sabe que decisão tomar? Não pense. Não sabe se acende o cigarro, se abre a latinha, se fuma um baseado, se cheira uma carreira? Não pense. Não sabe se faz isso ou aquilo? Não pense. Não sabe como parar de fumar? Não pense. Não sabe como parar de beber? Não pense. Não sabe como libertar-se da preguiça e da procrastinação da maconha? Não pense. Não sabe como parar de usar cocaína? Não pense. Não sabe como domesticar o seu ego? Não pense. Não sabe como escutar o seu Espírito? Não pense.

Por que "Não pense?". Porque o pensamento é o ego, então não adianta querer encontrar nele as respostas que ele não tem, não adianta querer receber conselhos superiores desse frágil patrãozinho, procure acessar o seu Mestre interior, a sua Voz verdadeira, da única maneira como isso é possível: parando de escutar a voz do ego. Como? Não pense. Ou, parodiando aquele conselho do Mestre: "Se não souber o que fazer, pare de pensar".

13. A ESPIRITUALIDADE E O USO DE SUBSTÂNCIAS

Quem conhece ou trabalha em Centros Espíritas ou Espiritualistas sabe com que grande frequência Espíritos desencarnados se manifestam durante as sessões mediúnicas ainda presos ao seu vício e falando do seu desencarne prematuro, provocado pelo uso de cigarro e de bebida alcoólica, pela falta de cuidado com sua saúde. Muitos deles estão vampirizando encarnados descuidados, invigilantes, pela empatia entre seus hábitos. Os jovens que estão utilizando substâncias prejudiciais a sua saúde física, psicológica e espiritual são seres especiais, mediúnicos, mas muitos estão perdidos de sua Missão e a baixa da sua frequência provocada pelo uso de substâncias tóxicas faz com que Espíritos de ex-usuários e Espíritos cuja intenção é prejudicá-los passem a exercer uma grande influência sobre sua vida, fazendo com que ela transcorra da pior maneira possível, e sobre seus pensamentos e sentimentos, rebaixando-os, com a finalidade, geralmente alcançada, de que eles usem mais e mais dessas substâncias, para impedir que cumpram sua Missão.

Muitos jovens são frequentadores da noite, de ambientes de baixa frequência que favorecem a presença e a ação dessas entidades viciosas, tornando-se assim presas fáceis das drogas e dos vícios morais, sendo facilmente induzidos ao alcoolismo, ao tabagismo, ao uso de outras substâncias tóxicas, ao sexo desregrado, frequentemente sem os cuidados preventivos necessários, embalados por músicas endereçadas aos seus chakras inferiores, que, ativados ao extremo, fazem com que seu raciocínio desça a um nível crítico de perda de controle dos instintos.

Alguns jovens já perceberam que as falsas mensagens de liberdade, de independência, de rebeldia, de "aproveitar a vida", de "ser jovem é ser assim" são fabricadas por um Sistema baseado apenas na busca de lucro a qualquer custo, enganando, adoecendo e destruindo milhões de jovens. Mas muitos jovens, enfeitiçados, permitem-se manipular, não percebem que estão sendo usados para enriquecer os donos das fábricas de bebida e de cigarro, os donos desses "locais de diversão dos jovens", os industriais e os comerciantes patrocinadores de "produtos jovens", os traficantes de drogas (que usualmente também traficam armas, órgãos, mulheres e crianças), e outras pessoas que utilizam uma "mensagem jovem" para vender e ganhar dinheiro de uma maneira vil e cruel, através do desvio do rumo e até da sua destruição. Confundem o habitual com o certo, o que está na moda com o melhor para eles, acreditam no que algumas rádios e televisões, alguns *sites* da *internet* e alguns setores da mídia criam ou divulgam, não enxergam que os donos da nossa cabeça vivem apenas para o lucro financeiro, não atentando para o verdadeiro crime que estão cometendo, guiados pelo que dá dinheiro e audiência. Destroem jovens, destroem sonhos, em troca de moedas de ouro, são os mercadores que Jesus expulsou do Templo e que aqui estão, novamente, vendendo a sua alma para as Trevas, em troca de ganhos financeiros, não conhecem ou ignoram as Leis Divinas, que nunca falham e que farão com que todo esse "lucro", obtido pelo seu mau proceder, não lhes sirva de nada nem no presente, nem no futuro, nem após seu desencarne, quando ou irão para o Umbral pagar por todo o mal que fizeram ou, se tiverem méritos pretéritos, em sua próxima encarnação, quando irão enfrentar situações similares às que criaram para os outros.

Atenção, jovens, percebam no que foram transformados: bonecos manipulados para o lucro financeiro de mentes malignas, de pessoas que buscam o enriquecimento a qualquer preço, embebedando, envenenando, ferindo e matando jovens apenas para que possam adquirir *status* e bens materiais, que possuem uma visão de vida que atesta o seu baixo grau de consciência: ficar rico.

Mas existem muitos jovens mais vigilantes, que percebem essa maldade e trabalham em atividades construtivas, visando ao bem, à saúde, à caridade, à beneficência, à espiritualidade, ao humano, ao social, não aceitaram essa dominação, são realmente independentes, comandantes de si mesmos, não aceitam ser manipulados como rebanho, não bebem, não fumam, não usam substâncias tóxicas, conseguem diferenciar o que é benéfico para eles e o que não é, o que lhes trará saúde e sucesso espiritual e o que lhes trará doença e fracasso.

No nosso mundo material, aqueles que buscam o lucro financeiro a qualquer preço, seja fabricando produtos nocivos, seja colaborando na sua divulgação, como ocorre com uma certa parcela dos meios de comunicação, são considerados pelo Mundo Espiritual como verdadeiros criminosos e motivo de compaixão pelos nossos Irmãos superiores, que anteveem o que lhes reservará o futuro pela Lei inevitável do Retorno. A Lei Divina, que é a Ordem e a Justiça, não perdoa quem faz mal aos seus semelhantes, não como um castigo e uma punição, mas sim como um instrumento utilizado pela Harmonia Universal para ensinar aos infratores como se comportar moralmente.

14. AS TREVAS E OS JOVENS

    Aqui na Terra existem duas forças que se opõem: a força da Luz e a força das Trevas. Ambas querem nos conquistar e, para isso, usam as armas que têm: enquanto a Luz se utiliza do amor, a Treva se utiliza da raiva. A Luz usa o altruísmo, enquanto a Treva usa o egoísmo. A Luz usa a doação, a Treva usa a posse. A Luz usa a saúde, a Treva usa a doença.

    Para evitar que as novas gerações cumpram a sua Missão de ajudar a humanidade a evoluir e colaborar para criar uma sociedade mais humana, justa e igualitária, os governantes do Umbral enviam emissários ou seduzem pessoas de baixa moral para que fabriquem produtos destrutíveis como a bebida, o cigarro e outras drogas, chamadas de lícitas ou ilícitas.

    Os jovens, Espíritos que vieram para a Terra para lutar contra as Trevas, ao beberem e fumarem, vinculam-se a essa força, aliam-se energeticamente a ela, e tornam-se arremedos de si mesmos. Criticam as gerações anteriores fazendo o mesmo que elas: fumando e bebendo. Posicionam-se contra o Sistema, mas bebem cerveja e refrigerante em vez de suco natural, comem "alimentos" industrializados e *fast food* em vez de alimentação de verdade. Enquanto discursam contra o regime vigente, enriquecem a indústria das drogas lícitas. Conseguem ser a favor e contra ao mesmo tempo. Isso não é contraditório?

A maneira como as Trevas agem para que os jovens sejam dominados é envolvê-los com uma espécie de neblina energética, que turva a sua percepção. É como uma sombra colocada em torno da cabeça, fazendo com que os pensamentos fiquem meio embotados. Assim, muitos jovens passam a ser doutrinados por desencarnados cuja missão é transformá-los em robôs manipuláveis. Na mente da juventude manipulada, geralmente são incutidos pensamentos contrários à Luz. Assim dominados, em vez de combater as Trevas, passam, sem perceber, a colaborar com elas, transmutando a sua força em preguiça e postergação e a sua vontade de melhorar o mundo em desejo de passatempos inúteis.

Os jovens que fumam, bebem e usam drogas não sabem que isso rebaixa a sua frequência energética, o que faz com que sintonizem com faixas vibratórias inferiores, nas quais costumam estar os seres desencarnados das Trevas. Se pudessem visualizar esses seres ao seu lado, rindo e zombando deles, repensariam esse hábito.

Os seres desencarnados das faixas vibratórias inferiores costumam ser de dois tipos:

1. Ex-usuários desencarnados que, após a morte do corpo físico, permaneceram na Terra ainda viciados na bebida, no cigarro e em outras drogas. Para satisfazer o vício, aproximam-se e passam a acompanhar pessoas que também têm essa tendência. São os chamados obsessores, companheiros de hábito. Com isso, além dos desejos do próprio encarnado, somam-se os desejos desses acompanhantes invisíveis, que conseguem lhes acessar através do pensamento. Muitas vezes, vários desencarnados estão sintonizados a um jovem encarnado, e alguns ainda têm pouca maturidade para lidar com essas situações de risco espiritual, então torna-se fácil compreender por que tantos jovens adquirem esses hábitos nada saudáveis e muitos os mantêm até a idade adulta ou durante toda a vida.

2. Emissários desencarnados enviados pelas Trevas para impedir que cumpram a sua Missão de trazer mais luz para a humanidade, que inclui colaborar para eliminar hábitos nefastos criados pelas gerações

anteriores. Com isso, além de não cumprirem os objetivos para os quais foram designados, muitos jovens colocam-se ao lado de quem vieram combater.

Para que possam cumprir sua Missão na Terra, é necessário adotar uma atitude interna de reflexão e conscientização a respeito dessas situações. Vejamos abaixo quatro atitudes para acabar com essa dominação:

a. Meditação: essa prática milenar, que chegou ao Ocidente há algumas décadas, constitui-se em conseguirmos diminuir nossa atividade cerebral e, por consequência, a intensidade dos pensamentos. Considerando-se que somos comandados pelos nossos pensamentos, e que eles são comandados ou fortemente influenciados por mensagens que vêm do exterior, aprendermos a pensar menos e nos conectarmos mais firmemente com a nossa Verdade Interior pode nos libertar do que vem de fora, tornando-nos, gradativamente, mais autênticos, alinhados à nossa Essência Divina.

b. Filtragem: é necessário filtrar as mensagens que vêm de fora. Saber de onde elas vêm, o que dizem, o que desejam e qual a sua intenção. São mensagens dirigidas ao nosso Espírito, mensagens de amor, de paz, de saúde, de evolução, de igualdade, de comprometimento, de fraternidade? Ou são mensagens dirigidas ao nosso ego, de vaidade, de divertimento, de mero passatempo, de "aproveitar" a vida? Os jovens vieram para lutar, para transformar o mundo, para estabelecer uma igualdade social, o fim da miséria, da fome, das injustiças e das guerras! Mas é essa a mensagem que chega até vocês?

c. Espiritualização: é necessário diferenciar espiritualidade de religião. Espiritualizar-se é ir encontrando-se Consigo mesmo, com sua Essência Divina e sua Verdade Interior. É encontrar-se com Deus em Si, com o que existe de puro, perfeito e verdadeiro dentro de nós, a fim de nos libertarmos dos maus estímulos externos. As religiões são instrumentos, ferramentas para encontrarmos o nosso Íntimo, cada uma com seus métodos e rituais. Cada um de nós escolhe a religião com a qual mais se identifica. Todas as religiões são úteis, mas não indispensáveis, pois esse trabalho interior pode ser feito na igreja da natureza, na floresta, na praia ou em qualquer outro lugar onde possamos nos concentrar e entrar em sintonia com o nosso Eu Interior, em busca daquilo que realmente somos. Religião é religar-se e é possível nos religarmos ao Divino por meio de uma religião ou por pensamentos, atitudes, hábitos bons, positivos, baseados em generosidade, em altruísmo, em compaixão.

d. Desobsessão: esse é um procedimento que todo jovem que bebe, fuma ou usa outras drogas deveria realizar, pois raramente uma pessoa com esse tipo de vício está só. Geralmente é realizada em Centros Espíritas ou Espiritualistas por médiuns capacitados, procurando estabelecer um contato com os acompanhantes desencarnados a fim de apurar suas reais intenções e buscar ajudá-los. Pode ser realizada de diversas maneiras, conforme os dogmas de cada religião.

Esses procedimentos podem imunizar os jovens contra estímulos externos invisíveis e danosos, que visam a afastá-los de sua Missão. E, ainda que o poder das Trevas não deva ser subestimado, vale lembrar que temer essa força é desnecessário, pois a ela falta o que as pessoas de bem têm em abundância: o amor. O amor é a luz que tudo clareia, é a Justiça Divina que vem trazer a igualdade social, o fim da violência, do racismo, das guerras. É a Harmonia Universal para que a humanidade viva em paz, em cooperação, todos unidos pelo bem de todos. Para isso, entretanto, é necessário desvincular-se dos vícios, pois, sendo esses vícios criações das Trevas, seu uso vincula o viciado a essa força, impedindo que ele sintonize a Luz com a energia necessária para soltar a sua força pessoal.

Essa guerra é uma Guerra Santa, pois enquanto as Trevas utilizam apenas golpes baixos, os que servem à Luz possuem uma ética que faz com que lutem para vencer e ajudar a salvar os irmãos e irmãs que se tornaram cegos e não enxergam a Luz. Cada exército segue a um comando: as Trevas desejam uma coisa, a Luz deseja outra. Os jovens devem fazer uma opção e escolher a quem desejam seguir. Devem optar pela Luz e não deixar-se enganar e manipular pelas Trevas, pois, assim, poderão ser derrotados.

15. O CORPO É O NOSSO TEMPLO

O nosso corpo é o Templo do nosso Espírito, mas nós somos muito descuidados com o nosso Templo, nos acostumamos a abrir as suas portas e deixar entrar qualquer coisa, seja pela boca, pelos olhos, pelos ouvidos, pelos pensamentos.

A primeira coisa que quero sugerir a um jovem é que feche a boca. Se ficar em dúvida se deve comer alguma coisa ou não, não abra a boca e tome um copo de água (filtrada). Se achar que o cigarro é um mal terrível, e que sua legalização é algo, no mínimo, escandaloso, pare de fumar! Quem lhe disse que não consegue? Já experimentou fazer Yoga? Sabia que o que o acalma quando fuma é a respiração? Se acreditar que a bebida alcoólica é a pior das drogas existentes no mundo, e que a sua legalização será objeto de incredulidade daqui a uns 100 ou 200 anos, pare de beber! Substitua por sucos naturais. Se sentir que não vai aguentar, vá a um Centro ou a um Templo Espiritualista e peça para investigarem quem está ao seu lado, invisível, pedindo bebida.

A nossa casa é o nosso corpo e o nosso corpo é o nosso Templo. A boca é a porta principal do Templo, e os jovens devem aprender a ter cuidado e atenção com o que colocam dentro dele, através dela.

Isso é básico na questão do uso de cigarro, de bebidas alcoólicas, de outras substâncias tóxicas, da alimentação que não alimenta e de tantas maldades que fazem com os jovens, com o seu Templo corpóreo. Alguém pode imaginar abrirmos a porta do Templo da nossa Religião, seja uma Igreja, uma Casa, um Centro, e colocarmos qualquer coisa lá dentro? Alguém introduziria tonéis de bebidas alcoólicas dentro do seu Templo? Alguém guardaria lá dentro toneladas de baganas de cigarro? Alguém colocaria animais mortos em estado de decomposição lá dentro? Todos nós não temos um cuidado, um respeito, ao entrarmos no Templo da nossa Religião? Tiramos o chapéu ou o boné, algumas vezes tiramos o sapato ou o tênis, fazemos o sinal da cruz ou manifestamos alguma outra atitude de respeito. Por que, então, colocamos qualquer coisa para dentro do nosso corpo, se ele é o Templo através do qual se manifesta o nosso Espírito aqui na Terra?

A maioria das pessoas abre a sua porta e come qualquer coisa, bebe qualquer coisa, fuma cigarro, ingere bebidas alcoólicas, usa substâncias tóxicas, sem atentar para o que vai acontecer quando aquilo penetrar no seu Templo. Imaginemos que o nosso corpo fosse transparente e pudéssemos ver o que acontece quando ingerimos "alimentos" não saudáveis, prejudiciais, sem mastigar, bebidas alcoólicas, geralmente em grande quantidade, bebendo aos goles. Certamente ficaríamos horrorizados com o que veríamos! O nosso pobre estômago enchendo-se daquilo tudo, tudo misturado, sem critério, tudo se amontoando lá dentro, o estômago pedindo clemência, nós nem escutamos a sua mensagem, e ela vem através de flatos fedorentos, de inchação abdominal, de prisão de ventre, de diarreia, até que ele não aguenta mais e se inflama de raiva de nós (gastrite) ou resolve se vingar e, numa atitude autodestrutiva, começa a abrir buracos em si mesmo (úlcera), e, nada adiantando, toma a atitude drástica de acabar com essa falta de respeito e dar um jeito de nos matar (câncer). É a mensagem do nosso pobre e aflito estômago, como se dissesse, gritando desesperado: "Pare de colocar esse monte de lixo para dentro de mim!".

Se os jovens que fumam pudessem ver a fumaça corrosiva entrando pelos seus brônquios, queimando tudo, devastando, chegando aos alvéolos do seu pobre pulmão, passando para o sangue, percorrendo todo o seu organismo, poluindo, envenenando, destruindo, não continuariam fumando. Continuando, vão começar a arcar com a vingança do seu corpo, vem aquela tossezinha chata, a bronquite, uma falta de ar, os problemas pulmonares, os cânceres futuramente, é o seu Templo lhes dando uma lição. O interior do nosso Templo deve ser um local limpo e puro, imaculado, divino, mas desde que nascemos, com exceção do leite materno, começam a nos poluir com alimentos que não alimentam, num critério geralmente baseado na cor, no aspecto, no sabor, no odor, tudo aquilo que as propagandas desses "alimentos" vendem. Uma verdadeira alimentação deveria ser baseada em se algo é saudável ou não, se nutre ou apenas satisfaz os nossos sentidos, a nossa comodidade ou a nossa pressa. Essa falta de atenção, desde crianças, com o que colocam e o que nós mesmos colocamos dentro do nosso Templo, e que é chamada de "normal" em nossa sociedade, de "moderna", faz com que todos nós assimilemos a mensagem de que não é necessário um cuidado e um respeito com o nosso corpo, e a nossa boca torna-se então, em vez de uma guarita na fronteira, uma porteira aberta para qualquer coisa.

Os malefícios dessa prática generalizada de comer e beber qualquer coisa, em qualquer quantidade, de qualquer jeito, em um livro como este, que quer conscientizar os jovens para que se recordem de sua pureza, é que é essa mesma falta de atenção, essa falta de cuidado e de respeito com o nosso Templo corpóreo, o que faz com que coloquem boca adentro as duas piores drogas existentes, as que mais nos adoecem, mais nos matam e, incrivelmente, são de uso legalizado: o cigarro e a bebida alcoólica.

Além de elas não trazerem nenhum benefício, não serem alimento, não nos fornecerem nada que contribua para a nossa saúde, são a porta que abre para as chamadas "drogas ilícitas". Existe um mito de que é a maconha que abre caminho para as drogas "pesadas", isso não é verdade, as "drogas pesadas" são o cigarro e a bebida alcoólica, e são elas que abrem a porta para as demais. Os governos autorizam a fumar e a beber, permitem fabricar e vender porque ganham muito dinheiro com isso, e então lá vão os nossos jovens no embalo das músicas e das festas "jovens", confirmando uma imagem, criada e estimulada, característica das publicidades de produtos jovens, de que ser jovem é ser "doidão", ser "rebelde", e então pode tudo! Muitos adolescentes crescem mas mantêm o seu adolescente dentro de si e, já adultos em idade, continuam fumando e bebendo, pois o seu adolescente interior não quer se tornar adulto, teria de se comprometer com a melhoria do mundo, e isso lhe parece ruim e desagradável, quando, na verdade, é o caminho para a sua evolução. Uma das melhores coisas da vida é tornar-se adulto, ser independente financeiramente, ter um trabalho digno e honesto, mas isso não interessa ao Sistema e aos donos da nossa cabeça. O que desejam é que os jovens permaneçam jovens para sempre, mesmo quando já têm idade adulta mas ainda se acham jovens, pois a perpetuação da adolescência adormece e hipnotiza os jovens.

O cigarro e as bebidas alcoólicas não têm proteínas, não têm vitaminas, não alimentam, não nutrem, não nos fornecem nada de bom, nada de saudável, não são medicamentos, não curam nada, não resolvem nada, não nos trazem absolutamente nada de conveniente, viciam, adoecem e matam, e então, meu Deus, por que as pessoas fumam e bebem? Os governos, hipocritamente, alertam que são drogas perigosíssimas, alertam para o seu terrível efeito devastador sobre as pessoas, mas permitem a sua fabricação e a sua venda. São a maior causa de doenças e de morte em todo o mundo, mais do que as guerras, mais do que as terríveis catástrofes naturais que ocorrem em todos os lugares, e seu uso é legalizado e, pior, estimulado e incentivado, apesar das propositalmente tímidas advertências e campanhas contrárias ao seu uso.

Queremos convencer os jovens que não aprenderam a cuidar do seu Templo e a respeitá-lo, que comem qualquer coisa, fumam, bebem, ingerem seja o que for, abrem a porta e admitem em seu Templo qualquer coisa, sem o menor cuidado, sem o menor respeito, que atentem para a verdadeira heresia que estão cometendo com a Casa do seu Espírito, e para o atentado contra o principal objetivo de uma encarnação: a busca do retorno à Purificação.

Queremos colaborar para que, um dia, não exista mais no mundo nenhuma substância tóxica, e que cigarro e bebidas alcoólicas não sejam mais fabricados. O cigarro, provavelmente dentro de uns 20 ou

30 anos, será considerado uma droga ilícita e terá a sua fabricação proibida. Aí, ao invés das quadrilhas oficiais, serão as quadrilhas marginais que lucrarão com ele. A bebida alcoólica levará um tempo maior, talvez uns 100 ou 200 anos, pois o seu hábito é mais antigo do que o do cigarro, mas também, um dia, será uma droga ilícita e, mais adiante, não existirá mais na face da Terra.

Se na década de 1940 ou 1950 alguém dissesse que, um dia, o cigarro teria a sua fabricação proibida em todo o planeta, isso pareceria uma utopia ou uma irrealidade completa, pois o cigarro estava no auge, o cinema americano, sócio das companhias comandadas por pessoas que se perderam de sua Alma, convenceu a todos que fumar era charmoso! Desde então o seu consumo aumentou cada vez mais, pois se vai diminuindo nos países mais avançados, vai aumentando nos mais atrasados, nestes (incluindo o Brasil) mesmo com a propaganda muito reduzida. Pois bem, atualmente ninguém mais duvida de que, em pouco tempo, o cigarro terá a sua fabricação proibida, será considerado uma droga ilegal e seus produtores e vendedores serão considerados traficantes.

O mesmo ocorrerá com a bebida alcoólica, quando não for mais possível conter a indignação da população e dos profissionais e serviços de saúde quanto aos seus malefícios terríveis e nenhum benefício! Como eu tenho ainda mais algumas décadas de vida nesta encarnação, verei o fim do cigarro, mas não o da bebida alcoólica. Contudo, na minha próxima descida, peço a Deus que me dê lucidez para continuar lutando pacificamente para virar esta trágica página, a do tempo em que era permitido fabricar e vender bebidas alcoólicas, a pior droga jamais existente em toda a história da humanidade e porta de entrada para todas as demais.

Os jovens querem um país melhor, todos querem governos e uma sociedade com mais amor, mais cuidado, mais atenção, mais respeito, e isso é possível, então comecem a enxergar as coisas como elas realmente são e percebam a causa básica de tudo o que acontece: pouca espiritualidade. Podem aumentar o seu amor e a caridade, começando por si mesmos, podem aprender a respeitar os demais, iniciando pelo seu próprio autorrespeito.

O uso de drogas no mundo inteiro, em todos os países, e particularmente aqui no Brasil, é apenas um reflexo do que nós e nossos ancestrais viemos fazendo há séculos, criando uma terrível e desumana desigualdade social, alimentada pela corrupção e pelos interesses pessoais, originando miséria, fome e violência em níveis cada vez mais alarmantes, tudo respaldado por uma concepção pré-fabricada de que a vida é curta, é para ser aproveitada, aceitando como normal que alguns segmentos da mídia divulguem qualquer produto, independentemente do critério de ser benéfico ou maléfico para nós, que uma grande parte das músicas nas rádios nos intoxiquem com os valores e com os ideais de uma cultura baseada no consumo e no materialismo, alicerçada no egoísmo, na superficialidade e na competitividade.

Como todo mal, não adianta podar os galhos, tem de cortar pela raiz. Mas quem está disposto? Nós criamos e ajudamos a manter uma sociedade injusta e piramidal, com uma pequena parcela das pessoas lá no alto dando um mau exemplo para quem está mais abaixo, uma classe intermediária fazendo de tudo para se manter ali ou ascender na pirâmide, trabalhando em qualquer coisa que dê mais dinheiro, independentemente se é boa ou não para si e para os demais, e os situados mais abaixo na pirâmide, vitimados pelo seu peso, procurando apenas sobreviver e, se possível, melhorar de vida, sonhando em quem sabe um dia também ascender na pirâmide, enfeitiçados por algumas revistas e novelas que mostram um mundo mágico, luxuoso, as casas maravilhosas dos donos do poder, um mundo em que o ideal de consumo cria cada vez mais e mais produtos "indispensáveis", que a cada um ou dois anos estão ultrapassados, e lá vamos todos nós em busca do mais moderno, do mais rápido, do mais *fashion*.

Este é o mundo do materialismo, da superficialidade, os jovens vivendo o seu dia a dia ligados no piloto automático, um mundo de domínio dos meios de comunicação sobre o seu gosto e a sua vontade, a maioria deles atentando apenas para a captação de patrocinadores, sem se importar com a qualidade de seu produto, se é bom para os jovens ou não, se é saudável ou não, se a sua mensagem é positiva ou negativa, os jovens imersos numa estrutura em que se sentem perdidos, a não ser que sejam iguais, a não ser que façam tudo como todos fazem.

Nesse mundo, desde crianças, recebemos a mensagem de que todas as festas devem ser comemoradas com bebida alcoólica, aniversários, batizados, casamentos, aprovações em alguma prova ou concurso, Natal, Ano-Novo, Carnaval, aprendemos que para comemorar tem que beber. Quem vicia as nossas crianças em bebida alcoólica? Os adultos. Onde? Na sua própria casa. Não foram os traficantes que os viciaram, foram os adultos, antes. Muitos pais e familiares são usuários de cigarro, e as crianças crescem vendo-os utilizar essa droga, aprendendo assim a fumar (cigarro ou maconha). Muitos adultos são viciados em medicamentos psicotrópicos, principalmente ansiolíticos e antidepressivos, e as crianças aprendem que, para acalmar-se ou ficar mais felizes, necessitam utilizar substâncias; muitos, mais tarde, vão usar também "drogas" para acalmar-se ou para ficar mais alegres, como viram o seu pai, a sua mãe, fazerem.

Os pais e as famílias brasileiras dão, assim, esse exemplo para as crianças e os adolescentes, de que ingerir bebida alcoólica, fumar cigarro e usar medicamentos psicotrópicos é de uso socialmente aceitável, que é permitida a sua utilização, criando assim a mística de que "isso pode". E com esse telhado de vidro, como dizer para eles que maconha "não pode", que cocaína "não pode", que *crack* "não pode"? As nossas crianças e adolescentes são criados nesse meio, comendo qualquer coisa, vendo seus familiares usando essas drogas, assistindo às programações de televisão, em grande parte verdadeiras drogas alienantes e massacrantes, escutando as rádios e suas músicas "jovens" endereçadas aos seus chakras inferiores, com a mensagem de que devem sacudir-se e pular e gritar e ficar bem loucos, numa sociedade materialista, consumista, permeada de falsos valores, em que uma partida de futebol atrai 40 mil pessoas e uma atividade de caridade, talvez 4 ou 5 pessoas. Todos querem ser jogadores de futebol, atores, atrizes ou modelos, e ninguém quer ser enfermeiro ou atendente em hospital, a prioridade é ganhar dinheiro e não ajudar os outros, a meta é ficar rico e famoso e não ser uma pessoa que viva para servir aos demais.

Então, em uma droga de sociedade como essa, o que podemos esperar que nossos jovens façam depois que nós os ensinamos a ingerir bebidas alcoólicas, fumar cigarro, tomar calmantes e ansiolíticos, já que "isso pode"? Vão apenas continuar fazendo o que nós e o Sistema lhes ensinamos: que devem ser irresponsáveis e imediatistas, que estudar é uma coisa chata, o legal é balada, que trabalhar só se for em algo que dê muita grana ou, se for para ganhar pouco, que não tenha muita coisa para fazer, que ser jovem é ser doidão, que tudo é uma festa, que a vida é para ser aproveitada, que a juventude passa rápido e, então, tem de "aproveitar". E com a nossa autorização e exemplo de abrir a porta para a bebida alcoólica e para o cigarro, e com todo esse incentivo à loucura e à doideira da sociedade moderna, que é o estilo norte-americano de sociedade, lá vão os nossos jovens procurar novas emoções na maconha para se acalmar e se espiritualizar, na cocaína para se ligar e se ativar, no *crack* para viajar mais barato, no LSD para aumentar o seu amor, no *ecstasy* para poder pular a noite toda, e outras novas que surgem a todo momento.

Enfim, eles vão simplesmente continuar fazendo, do seu jeito, o que nós lhes ensinamos, o que a sociedade lhes transmitiu, só que agora aconteceu algo inesperado: enquanto bebiam socialmente e fumavam de vez em quando, como nós, é lícito (às vezes com certo exagero, mas nós também cometemos os nossos), tudo bem, mas drogas ilícitas, não! A mãe pode tomar calmantes o dia todo, o filho não pode fumar maconha. O pai pode beber quando seu time ganha ou quando seu time perde, em todas as festas, aniversários, batizados, no Natal, no Ano-Novo, pode correr de carro nas ruas, competir com quem ousa ultrapassá-lo, andar a 180 km/h na Freeway porque conhece todos os pardais, mas seu filho não pode cheirar cocaína, ela é ilegal! A mãe pode ser viciada em televisão, o pai pode ser viciado em enganar clientes, o filho não deve ser viciado em nada!

Uma certa parcela dos políticos dá um mau exemplo, vendendo-se, refestelando-se na mordomia e no poder, aumentando seus próprios salários, fazendo acertos e conchavos; uma parcela dos pais e mães faz o mesmo em seus negócios e em sua vida diária, mas os jovens têm de ser educados, responsáveis e corretos. A publicidade convence os nossos jovens de que precisam ter um celular de última geração, tênis da moda, roupas e bonés de marca, e nós lhes damos isso para que não fiquem traumatizados ou se sintam mal perto dos outros, pois todos os seus amigos têm. E, então, um jovem pobre vira traficante ou assaltante para ganhar dinheiro, porque "tem de ter" esses bens de consumo, e assalta o nosso filho para roubar isso dele. Quem é o responsável? O jovem pobre ou quem fez a sua cabeça de que isso é "importante" e "indispensável", a qualquer preço?

Alguns programas de televisão, novelas e canais na *internet* mostram cenas de apelo sexual dia e noite para os nossos filhos e filhas e nós permitimos isso e consentimos, assistindo juntos e, quem sabe, no fundo, até gostando, e então o nosso filho engravida uma menina ou a nossa filha engravida de um rapaz. Quem é o responsável? O nosso filho, a nossa filha, nós mesmos, a televisão? Todos.

Perguntemos a um jovem por que ele fuma maconha, por que ele cheira cocaína, por que toma LSD, ele dirá que é porque os jovens fazem. Mas por que os jovens fazem? Porque nós criamos uma droga de imagem de como deve ser um jovem, construímos uma droga de mundo, injusto e patogênico, muitas famílias são uma droga de família, muitos pais são uma droga de pais, a programação da televisão, em grande parte, é uma droga, as músicas que tocam e fazem sucesso geralmente são uma droga, e nós queremos que nossos jovens não usem drogas! Todas as campanhas antidrogas são louváveis, mas nenhuma vai funcionar enquanto não acabarmos com essa droga de informação que passam para nossos filhos, essa droga de imagem de "Ser jovem..." que dão a eles.

Gandhi fez o que parecia impossível, venceu a poderosa Grã-Bretanha com a paz. Nós podemos vencer a poderosa indústria do cigarro e da bebida alcoólica também com a paz, bastando que comecemos a dizer "Não!" e que nos recusemos a participar desse morticínio legalizado.

16. O SAGRADO FEMININO

Atualmente, cada vez se fala mais sobre "O Sagrado Feminino". Muitas pessoas pensam que se está falando de castidade, contra o sexo, que se está defendendo uma vida monástica, apenas espiritual. Se fosse assim, acabaria a raça humana, pois é o sexo que faz nascer nenê. Talvez, um dia, não se necessite mais de sexo para nascer nenê, mas, por enquanto, é absolutamente necessário, tem de ter um espermatozoide e um óvulo para começar a produção de um nenê dentro da fábrica (o útero), até o produto estar pronto e sair para a vida aqui fora.

O que se chama de "Sagrado Feminino" é um respeito que as mulheres devem ter sobre seu corpo, sobre sua integridade, considerando-se que encarnar mulher é vir para a Terra como se fosse um cálice com a finalidade de trazer Espíritos para cá. Não que isso seja obrigatório, ou seja, que toda mulher tenha que ser mãe, isso fica a critério do livre-arbítrio de cada uma, mas o corpo feminino tem essa finalidade, trazer Espíritos para a Terra, enquanto o corpo masculino tem a finalidade de colaborar nisso, fornecendo o espermatozoide.

Existe uma diferença abissal entre "sexualidade" e "sensualidade". A nossa sociedade infanto-juvenil, ainda controlada por valores masculinos, incentiva a "sexualidade", e geralmente a mais feia e degradante, enquanto que "sensualidade" não tem a ver com "sexo", tem a ver com beleza, não necessariamente física, mas a que vem de dentro, a beleza da alma feminina. Após milhares de anos de dominação masculina, com a chegada da Era de Aquarius, que irá trazer, gradativamente, uma igualdade entre homens e mulheres, sob os mais diversos matizes e manifestações, as mulheres estão empenhadas em fazer valer os seus direitos, e isso está absolutamente correto. Mas uma das características deste início de Era é que muitas mulheres estão pegando dos homens o que os homens têm de pior, como se fosse uma espécie de machismo feminista, estão pegando a grosseria, a indelicadeza, a agressividade, beber, fumar, e tantas outras características que as mulheres sempre reclamaram dos homens, mas algumas estão imitando, querendo, assim, se tornar iguais a eles! Mas por que se tornar iguais a eles? Por que querer ser o que sempre acharam errado, o que sempre criticaram neles?

Em todas as épocas de transição, ocorrem usos e abusos dos mais variados teores, ainda mais em uma mudança de Era, da de Peixes para a de Aquarius, de uma Era de religiosidade culposa, sofredora, penitente, baseada na imagem de um Deus/Pai bom, protetor, mas, ao mesmo tempo, vingativo e castigador, para uma Era de espiritualidade suave, com menos culpa e castigo, menos sofrer para evoluir, menos pagar para redimir-se, mas mais alegria, mais leveza, mais para dentro de si do que para fora, com uma imagem mais *light* de Deus, um Todo, Pai/Mãe, Um só, e nós sendo a parte e o próprio Um. O normal, então, nessas próximas décadas, é que vire tudo uma enorme confusão, que é o que está acontecendo. Com o passar dos séculos, lembrando que uma Era tem a duração de 2.000 anos, essa confusão inicial irá se acomodando, daqui a uns 1.000 anos estará tudo mais ou menos ajeitado, depois começa o declínio até chegar à próxima Era, que será a de Capricórnio, a Sabedoria do ancião. E assim vamos indo.

Nessa fase inicial de mudança de Paradigma, os Espíritos que encarnaram em corpo masculino e os que encarnaram em corpo feminino estão sentindo que existe algo que vem de algum lugar, algo indefinido, que aponta para uma igualdade. Na nossa sociedade egoica, ainda tão pouco espiritualizada, esse início de igualdade está sendo, prioritariamente, entendido como igualdade sexual, o que não seria um problema desde que as mulheres não resolvessem imitar a sexualidade dos homens, baseada na quantidade e não na qualidade, uma sexualidade deturpada, baseada na falta de respeito, na falta de amor. A igualdade apregoada pela Era de Aquarius está iniciando pelo chakra básico, chegando ao chakra da sexualidade, e assim irá subindo, chakra por chakra; quando a sua mensagem de igualdade alcançar o chakra cardíaco e dali em diante, as coisas irão ficar boas. Por enquanto, é essa bagunça.

Mas, se olharmos bem, é tudo ainda uma manutenção da dominação masculina, embora não pareça. A mulher que quer ser igual aos homens no que eles têm de pior é tão machista como eles e, provavelmente, era homem em vidas passadas, e, no fundo, gostaria ainda de ser, mas como isso está escondido dentro do seu inconsciente, manifesta-se como uma revolta contra o machismo, quando, na verdade, pode ser uma inveja. É normal que um Espírito que venha em um certo gênero sexual há várias vidas, ao reencarnar no gênero oposto, leve um tempo para adaptar-se a ele, essa é a homossexualidade que surge desde os primeiros anos de vida, o menininho que parece menininha e a menininha que parece menininho. E está certo, é uma fase de adaptação que pode levar algumas encarnações.

O que é uma sexualidade sagrada? Certamente não é baseada na quantidade, ficar com qualquer um, ou vários, transar com qualquer um, ou vários, não é isso o que as mulheres sempre criticaram nos homens? E muitas resolveram fazer igual! Sabe o que é isso, na verdade? É mais uma das facetas do machismo, dessa vez disfarçada de "liberdade feminina". É isso o que os homens querem, mulheres que lhes sirvam acreditando que estão no poder, quando, na verdade, são eles que continuam no poder. Pergunte aos homens machistas, de pouca espiritualidade, ligados apenas aos prazeres sensoriais, imediatistas, o que eles querem? Querem mulheres "livres", "liberais", "independentes", que fiquem ou transem com eles à vontade. Elas ficam satisfeitas, acham que estão no comando, eles ficam satisfeitos, fingem ser comandados, elas se achando poderosas, eles fingindo que é isso mesmo, é o antigo machismo, disfarçado.

Nesta Era de Aquarius, as mulheres realmente irão se tornando livres, liberais, independentes, poderosas, mas não para servir aos homens e, sim, para mostrar a eles que o seu corpo é sagrado, para exigir respeito, igualdade na relação. Com o tempo, à medida que a Era de Aquarius avançar, as mulheres não irão mais querer ser como os homens, irão querer ser mulheres de verdade, cálices sagrados, árvores de luz que dão frutos de amor.

O nosso mundo está como está devido aos milhares de anos de dominação masculina, um estilo "macho" de ser, desejo de poder, violência, guerras. A Era de Aquarius, passada essa confusão inicial, irá trazer uma maneira "feminina" de ser, uma suave firmeza, uma força delicada, uma integridade gentil. Os homens devem imitar as mulheres e não as mulheres imitar os homens.

Um dia, homens e mulheres serão absolutamente iguais, em direitos e deveres, na maneira de ser, na roupa, nos hábitos, a única diferença será a anatômica, um é a lança, o outro é o cálice, no demais tudo igual. Por enquanto, essa meta de igualdade começou pelos chakras inferiores, mas, aos poucos, irá subindo, chakra a chakra, até alcançar os chakras superiores, essa é a igualdade que Aquarius vem trazer. Ficar com qualquer um, transar com qualquer um, e achar que isso é igualdade, é mais uma das artimanhas masculinas em que muitas mulheres caíram. Mas podem sair, se perceberem isso e se se derem o respeito que pedem que os homens lhes deem. Quem não se respeita, não é respeitado. Mulheres, seu corpo é sagrado, cuidem dele como de um Templo, é o que ele é na verdade.

17. O SAGRADO MASCULINO

Muito se fala em Sagrado Feminino, mas pouco se fala em Sagrado Masculino. O Sagrado Masculino é a mesma coisa que o Sagrado Feminino, mas em relação aos Espíritos que reencarnaram em corpo masculino. Os homens que ficam com qualquer uma, ou várias, transam com qualquer uma, ou várias, na verdade não estão respeitando o seu corpo, que é um Templo, cuja porta abre para fora, diferente do Templo feminino, cuja porta abre para dentro.

Da mesma maneira que as mulheres devem respeitar o seu Templo, os homens também devem respeitar o seu, mas com essa imagem criada de "macho", a lança em punho pronta para atacar, a mídia vendendo seus produtos incentivando os estereótipos do macho musculoso e da fêmea gostosa, o que mais vemos são homens querendo ser musculosos e mulheres querendo ser gostosas. Esse estereótipo de homem macho, musculoso e caçador, abatedor de fêmeas indefesas, foi criado por um Sistema baseado em vendas, em lucros, apoiado por um amplo setor da mídia interessado apenas em ter patrocinadores, apenas no ganho financeiro, sem atentar para a qualidade do produto, o que faz com que os homens confundam ser "homem" com ser "macho", pois virou tudo uma coisa só, e são coisas diferentes.

Alguns homens que resolveram ser parecidos com um estereótipo feminino de "mulherzinha" provavelmente foram mulheres em vidas passadas e ainda queriam ser, mas agora mudaram de gênero sexual e estão se adaptando a ele. Ser "mulherzinha" não é ser mulher, é ser como uma imagem criada pelo cinema americano a partir da década de 1930; muitas mulheres ainda querem ser assim, foram hipnotizadas e não sabem.

O que é ser homem? É ser moralmente e eticamente forte, atencioso, responsável, cumpridor de seus deveres (seja no estudo, seja no trabalho), ser carinhoso, afetivo, demonstrar seus sentimentos, demonstrar suas fraquezas, enfim, ser como deve ser uma pessoa que acredita na espiritualidade, que sente que pode melhorar o mundo, que deseja uma sociedade mais humana, mais igualitária. Ser "macho" obedece a um padrão criado pelos Estados Unidos, por meio do cinema, desde o século passado, baseado num estereótipo tipo *western*, aqueles *cowboys* machistas, duros, de semblante sério e impenetrável, que só sabiam lidar com gado, mas não sabiam lidar com as mulheres nem com os filhos, pois eram lacônicos, solitários e frios, sem sentimentos.

Como o cinema americano viciou gerações em cigarro e bebida, viciou também o imaginário popular com essa imagem do homem "macho", que até hoje perdura, só que já está ficando ridícula (na verdade, sempre foi), cafona e ultrapassada. Mas muitos homens ainda acreditam que ser homem é ser "macho", estilo americano, o que ainda perdura nas lutas de box, nas lutas-livres, nos filmes americanos (agora imitados por outros países, porque isso vende), nas propagandas de bebida (nas de cigarro, antes de ser proibido, era o mais usual), nas propagandas de roupas etc.

Um homem de verdade pode ser sensível, delicado, artístico, gentil, amoroso, carinhoso, atencioso, bondoso, caridoso e outras qualidades que sempre foram atribuídas às mulheres, como "coisas de mulher". Quem disse isso? Nada surge do nada, nada surge de lugar nenhum, tudo que é disseminado e vai se estabelecendo é criado pelos que chamamos de "Formadores de Opinião". Isso não seria problema se a maioria dos formadores de opinião não estivesse na área do ganho financeiro a qualquer custo, sejam os próprios que ganham com isso, sejam os que trabalham para eles. Mas isso ultrapassa o ganho financeiro, adentra no modo de vida das pessoas, incentiva os preconceitos, o racismo, a violência, as guerras e muito mais. Não é visível que a generalização do estupro segue esse modelo de homem "macho"? A venda permitida de armas na maioria dos estados dos Estados Unidos não segue esse estereótipo masculino? O atual presidente dos Estados Unidos (que foi eleito pelo povo americano, lembremos disso) não segue esse modelo? Os heróis americanos de cinema e revistas são fortes, duros, solitários... isso é por acaso? Algumas mulheres desejam e esforçam-se para seguir esse padrão de homem "macho", elas querem ser mulheres "macho"? Por que querem ser musculosas, agressivas, viris? Porque isso significa, para elas, ser igual aos homens. Na verdade, não estarão sendo iguais aos homens, apenas aos homens hipnotizados em parecerem "machos". Na verdade, um filão de lucro financeiro já descobriu isso e estão surgindo, cada vez mais, "heroínas" musculosas, duras e solitárias. É o mesmo filme, agora atualizado.

Não devemos confundir o Sagrado Feminino com "coisa de mulher" e o Sagrado Masculino com "coisa de homem". Todos temos um feminino e um masculino dentro de nós, o que não significa ter uma mulher e um homem dentro de si. O nosso feminino (em homens e mulheres) são os nossos aspectos maternais, a gentileza, a doçura, o carinho, o afeto; o nosso masculino (em homens e mulheres) são os nossos aspectos paternais, a força (não a grossura), a firmeza (não a rigidez), a proteção (não o autoritarismo). Sendo assim, Espíritos em corpo masculino e Espíritos em corpo feminino devem respeitar seu Feminino e seu Masculino Sagrados, mas, para isso, é necessário que entendam suas forças inconscientes (que vêm de vidas passadas e dos primeiros anos dessa vida atual) e as forças midiáticas que não se importam conosco, com a nossa saúde, com o nosso bem-estar, só se importam em meter a mão no nosso bolso, na nossa bolsa, e levar o nosso dinheiro. Quem quiser, pode investigar o seu inconsciente por meio da Regressão Terapêutica, ver o que se esconde lá dentro, de vidas passadas, assimilar e integrar aquele conteúdo e, principalmente, estar atento e resistir aos apelos comerciais e materialistas de uma sociedade falida e degradada, estilo americano, o que facilitará desenvolvermos o respeito por nós mesmos, homens e mulheres, pelo nosso Templo corpóreo, pelo que existe de Sagrado dentro de nós.

Os filmes e as séries de origem oriental estão mais adiante nessa questão, os homens e as mulheres estão muito parecidos, o que é uma antevisão do futuro, o que a Era de Aquarius vem trazendo, mas, por enquanto, essa igualdade ainda está nos chakras básicos, com enfoque preferencial no chakra da sexualidade; ainda vai levar um bom tempo para que todos percebam que igualdade é muito mais do que isso, faz parte da confusão de início de Era.

18. SEXUALIDADE E SEXO

Grande parte das pessoas confunde sexualidade com sexo, mas não é a mesma coisa. Sexualidade é a maneira como enxergamos e lidamos com nossos aspectos sexuais, seja o nosso gênero sexual, seja a questão da procriação para a manutenção da nossa raça sobre a Terra. Sexo é a prática do ato que duas ou mais pessoas intercambiam entre si, seja com seus órgãos sexuais externos ou com a utilização de órgãos não sexuais, mas usados nesse momento, como, por exemplo, a boca ou o ânus.

Então, sexualidade é uma coisa; sexo é outra. Claro que um irá depender do outro, ou seja, da maneira como uma pessoa enxerga a sexualidade é como ela irá exercer o ato sexual. Tem pessoas que acham que sexualidade tem a ver com sacanagem, então seus atos sexuais serão baseados nessa ideação. Para algumas, a sexualidade tem a ver com dominação, e o sexo é uma maneira de mostrar quem é que manda. Tem pessoas que enxergam a sexualidade como um instrumento para agradar, satisfazer outra pessoa. Outras enxergam como uma maneira de apenas satisfazer-se, sendo o outro apenas um objeto utilizado com essa finalidade. Tem pessoas que veem a sexualidade como algo sagrado, um encontro de almas, uma fusão que visa a promover a subida da Kundalini, abrindo os chakras, purificando a ambos. Existem pessoas que enxergam a sexualidade com uma única função: promover a descida de Espíritos para a Terra, e apenas exercem o ato sexual quando a fêmea está em uma fase fértil, passível de engravidar, quando ambos decidem que querem promover isso. Tem pessoas que entendem a sexualidade como uma ferramenta para uma atividade lúdica, para brincar e ser feliz, e então o ato sexual é exercido dessa maneira. Existem pessoas que lidam com a sexualidade como uma ferramenta para ferir, para machucar pessoas, e o ato sexual, então, tem a ver com sadismo e violência (física e/ou psicológica).

Enfim, são várias as maneiras como podemos enxergar a sexualidade, e o sexo será um reflexo consequente da maneira pessoal de cada um em relação a isso. Podemos analisar cada maneira de enxergar e lidar com isso de acordo com o nível evolutivo do nosso ego, do ponto de vista psicopatológico, do ponto de vista psiquiátrico ou do ponto de vista espiritual, podemos raciocinar em termos de maneiras infantis, adolescentes, adultas ou sábias, em maneiras "naturais" ou "não naturais", "saudáveis" ou "não saudáveis", "corretas" ou "equivocadas", socialmente aceitas ou não, e muitas outras maneiras.

Mas podemos afirmar que o modo como analisamos, ou julgamos, ou criticamos, a maneira de cada pessoa enxergar a sexualidade e exercer o ato sexual é certo ou errado? Temos a capacidade de penetrar nos recônditos da psique das pessoas e, indo mais fundo ainda, em seu inconsciente (onde estão as memórias de suas vidas passadas, sua vida intrauterina e seus primeiros anos de vida nessa atual encarnação), entender, realmente, o porquê de sua opção sexual, seus hábitos, seus costumes, suas posturas, em relação à sexualidade e ao sexo? Não temos, ninguém tem, nem o melhor psicólogo do mundo, nem o maior psiquiatra da face da Terra, nem o mais habilidoso e competente terapeuta de regressão, nem o mais poderoso dos líderes religiosos, nem o mais iluminado dos médiuns, ninguém tem essa capacidade. O que todos temos são opiniões a respeito, ideias, concepções do que é certo, do que é errado, do que é natural, do que é antinatural, do que é tradicional, do que é moderno, e por aí afora.

Eu tenho minhas ideias, como espiritualista, como investigador de vidas passadas, como alguém interessado no tema "Aproveitamento da encarnação", mas elas são apenas ideias, podem estar certas, podem estar erradas, podem estar umas certas, outras erradas, são ideias, nada mais do que isso. O que desejo é que cada um de vocês que me leem nesse momento, em um assunto tão delicado, pense a respeito de sua maneira pessoal de enxergar a sexualidade e se essa maneira lhe traz paz ou angústia, bons sentimentos ou maus sentimentos, uma sensação interior de ser bom ou prejudicial para você. Dependendo de como analisar, interpretar e, principalmente, sentir isso, continue do jeito que lida com isso ou procure alguém que possa lhe ajudar a entender melhor o que se esconde por trás de uma postura, hábito ou procedimento que você entendeu não ser bom para si, alguém que lhe escute, que se solidarize com você, sem querer impor como deve ser, se é correto ou não, se é divino ou é pecado.

Alguns exemplos:

1. Homossexualidade desde que era uma criancinha – desde bem pequeno alguém sente um desconforto em relação ao seu gênero sexual, encarnou em um corpo masculino, mas não se sente como homem, ou encarnou em um corpo feminino, mas não se sente como mulher. Alguém já ajudou essa pessoa a acessar vidas passadas e ver se não era de outro gênero sexual nelas e, por isso, não se sente atualmente desse gênero sexual? E se for isso? Aí, é natural que ocorra essa rejeição ao seu atual gênero sexual, é uma fase de adaptação, talvez leve duas ou três encarnações para isso ocorrer. Mas algumas pessoas lidam com essa homossexualidade congênita (que nasceu com a pessoa) como algo psicopatológico ou espiritualmente errado.

2. Homossexualidade que se manifesta mais tarde – quem critica, julga, uma pessoa com essa opção, conhece sua infância, como foi a sua relação com seu pai, com sua mãe? Sabe se sua criança interior ou seu adolescente interno não está imitando ou brigando com um deles ou ambos? Isso pode ser um processo consciente, inconsciente ou ambos, pode ser algo claro para essa pessoa ou obscuro. E você sabia que, dentro do útero, o nenê ainda em formação escuta o que falam, o que comentam lá fora, e inclusive lê os pensamentos do seu pai, da

sua mãe, de outras pessoas? E se está formando um corpo masculino e percebe que querem uma menina, ou vice-versa, e resolve, para ser aceito, atender a esse pedido e isso torna-se uma homossexualidade?

3. Na nossa sociedade padronizada, em que "homem é assim" e "mulher é assim", quem não é "assim" pode decidir que, já que não é "assim", já que não corresponde ao padrão estipulado como "masculino", ou ao padrão estipulado como "feminino" (e, pior, isso ocasionar "não ter sorte no amor", "não fazer sucesso com o sexo oposto"), pode optar por uma homossexualidade baseada na carência afetiva, no desejo de ter um amor. Quem pode criticar alguém que não corresponde aos padrões por se relacionar com alguém de seu próprio gênero?

4. É conhecido no meio espiritualista que algumas Entidades Espirituais são masculinas e outras, femininas. Muitos médiuns ligados a essas Entidades sofrem uma influência em sua sexualidade, e isso pode tornar-se uma homossexualidade que seria, então, digamos, "espiritual". O mesmo pode ocorrer se uma pessoa está obsediada por um Espírito desencarnado masculino ou feminino, que interfere em seus pensamentos, podendo causar uma homossexualidade, digamos, "externa".

Então, podemos ver que existem vários tipos de homossexualidade e todas elas se justificam, e ninguém tem o direito de criticar, julgar, condenar, muito menos buscar uma "cura" para isso. Eu, particularmente, como psicoterapeuta, lidando com essa vida e com vidas passadas, e lidando também com a espiritualidade, tenho minha posição quanto a isso. Para mim, tudo é normal, tudo faz parte da encarnação, são questões do Espírito encarnado, coisas passageiras. A característica mais marcante da encarnação é que ela vai passar, bem como tudo referente a ela.

Já preparando o próximo capítulo, que é meio pesado, a Terra é uma Escola e estamos aqui aprendendo todas as lições, cada um a sua, cada encarnação é um dia e, como na vida, temos dias bons, dias ruins, dias mais ou menos, dias que pensamos nem devíamos ter levantado da cama, dias ótimos, dias muito legais, dias chatos, então, se esse dia não for um bom dia, não se preocupe, passe por ele da melhor maneira possível, faça o melhor que puder, vá organizando o seu presente, planejando o seu futuro e a sua próxima encarnação. E vamos em frente!

19. O SUICÍDIO ENTRE OS JOVENS

Tempos atrás, o suicídio era uma circunstância característica de adultos deprimidos ou pessoas mais velhas cansadas de viver; atualmente, o suicídio ou as ideações suicidas vêm ocorrendo em pessoas cada vez mais jovens, e até em crianças! Isso vem sendo atribuído à solidão, ao isolamento, à falta de presença dos pais ou adultos referenciais, ao modismo dos celulares e dos jogos eletrônicos (o que vem sendo considerado uma doença psiquiátrica, um vício enquadrado no CID-10 (Código Internacional de Doenças), sob o código F63.0.

Nada disso deve ser desconsiderado, mas do ponto de vista espiritual e reencarnacionista, considerando os jovens como Espíritos reencarnados há pouco tempo, podemos estender esse raciocínio a outras hipóteses diagnósticas, mais adequadas aos psicoterapeutas reencarnacionistas, aos familiares desses jovens e a eles próprios.

Vamos raciocinar juntos: os jovens estão chegando do Mundo Espiritual, um local regido por um socialismo espiritual, onde predomina a paz, o amor, a fraternidade, a igualdade, onde o estudo é muito valorizado, pois é através dele que, quando lá, nos capacitamos a ser melhores para os outros, mais úteis, mais solidários, um local onde predomina o trabalho voltado para o bem dos outros, para o bem comum, seja na área da escuta e atenção fraterna, seja na área da saúde, seja na recepção aos Espíritos recém-chegados da Terra, ou em incursões para a crosta terrestre para ajudar irmãos e irmãs, encarnados ou desencarnados, perdidos aqui na Terra, deprimidos, doentes do corpo ou da alma, ou para resgatar quem está no Umbral, sofrendo, clamando por ajuda e piedade.

Comparemos esse ambiente com o ambiente vigente aqui na Terra: enquanto lá predomina um estilo de vida adulto, de estudo, de trabalho amoroso e fraterno, que preenche a alma de quem lá está, que nos deixa felizes, em que optamos mais por dar do que por receber, mais por servir do que por sermos servidos, ao chegarmos aqui na Terra, o que encontramos? Um estilo de vida infanto-juvenil, baseado em divertimentos e passatempos, um Sistema que incentiva o egoísmo, a competição, um direcionamento para si próprio, para o seu conforto, o seu lazer, o seu prazer; ao início, isso parece trazer uma satisfação, mas, com o tempo, esvanece-se no ar, pois mesmo agradando ao ego, opõe-se aos desejos da alma, que quer apenas continuar aqui na Terra, sentindo-se plena e completa, como sentia-se lá no Mundo Espiritual.

Não caímos no exagero de afirmar que todos os jovens são Espíritos de ego evoluído, pois muitos são Espíritos ainda em um estágio involuído de seu ego; esses sentem-se bem aqui na Terra, pois seus desejos e anseios são compatíveis com o que o Sistema oferece. Esses jovens de ego infanto-juvenil gostam das coisas como elas são, raramente se deprimem ou, se o fazem, é porque não ganharam alguma coisa, não receberam um prêmio, não foram vencedores, é uma depressão, digamos, de si para si, uma depressão autocentrada, um vazio momentâneo, provocado pela falta de algo externo que agrade o seu ego, que os deixe satisfeitos por uma vitória egoica alcançada.

Já os jovens que possuem um ego superior não sofrem por isso, não sofrem por si, sofrem por sentir um vazio existencial, sentem que lhes falta alguma coisa, nada realmente lhes satisfaz, tudo parece fútil, sem sentido, que angústia é essa que lhes asfixia, que lhes deixa inquietos ou sem vontade de fazer nada, o que é isso que sentem, tão intenso, tão indecifrável? Os seus pais criticam, só fica no seu quarto, não sai do computador, fuma maconha o dia todo, dorme qualquer hora, acorda qualquer hora, não tem vontade de estudar, não para em emprego, vamos levar a um psicólogo! Quem sabe, um psiquiatra, tomar remédio, antidepressivo, estabilizador de humor, talvez seja bipolar, dizem que, às vezes, a depressão, a esquizofrenia, começa cedo...

– "Prazer, doutor..., este(a) é o(a)... Cumprimenta o doutor, filho(a)! É assim como está vendo, fechado(a), não cumprimenta as pessoas; vai gente lá em casa, se tranca no quarto, só celular, computador, não tem vontade de nada, diz que não quer ser nada, a gente tem medo, né, nunca se sabe..."

– "Então, fulano(a), o que me diz?" Só que ele(a) não diz nada, nem sabe o que dizer. Como assim, "O que me diz"? Não digo nada, nem queria estar aqui, quanto tempo demora isso? E ficam ali os quatro ou três falando e um(a) mudo(a). Meu Deus, 1 hora! Eu vou morrer enterrado(a) nesse sofá! O psicólogo ou o psiquiatra falando com os pais, afinal demora 1 hora, temos de falar, o(a) que está afundado(a) no sofá louco(a) para ir para casa, fumar um, entrar no WhatsApp, no Youtube, no Facebook, qualquer coisa que lhe tire, pelo menos um pouco, dessa coisa horrível que sente, que ninguém entende, nem ele(a) mesmo(a).

Mas, afinal de contas, o que é que sente? É tédio. O tédio é irmão-gêmeo da depressão. Se nada lhe satisfaz, é porque não é nada daquilo que veio fazer na Terra, esqueceu o que veio fazer, no meio da barulheira, da gritaria, da loucura alucinada rotulada de "Ser jovem é...", "Coisas da juventude...". São jovens no corpo, mas são adultos na alma, no meio disso tudo que o Sistema vende como "jovem", canais "jovens", programas de rádio "jovens", programas de TV "jovens", músicas "jovens", roupas "jovens", cabelos "jovens", associando "ser jovem" com "ser doidão", "ser jovem" com "ser rebelde", "ser jovem" com "ser irreverente", se perdem de si mesmos, afastam-se de sua alma, esquecem sua Missão e escolhem uma de três maneiras:

a) Procurarem ser iguais ao "modelo jovem" vendido pelo Sistema – é o caminho oposto ao que vieram trilhar; não encarnaram para serem doidões ou irreverentes ou sujos ou irresponsáveis, vieram para ser sérios, responsáveis, estudiosos, trabalhadores, limpos, responsáveis. Vieram para mostrar aos seus irmãos e irmãs jovens que caíram nas malhas do Sistema que ser jovem não é ser como essa imagem que vendem, é o contrário, é ser o mais parecido possível como são quando estão desencarnados, no Mundo Espiritual. Vieram para mudar o Sistema, não para moldar-se a ele.

b) Serem mais rebeldes ainda, beber mais do que as propagandas de bebida incentivam (antes de, ao final, por força de Lei, o locutor dizer bem baixinho, em meio segundo: "Beba com moderação"), usar drogas incentivado pelas imagens de jovens dançando, pulando, felizes, lindos e lindas, vencedores e vencedoras, afinal, se a vida é uma festa, festa tem que ter bebida, maconha, cocaína, mas "Se for dirigir, não beba". Gritar, berrar, arrodear a cabeça, cabelos e roupas estilo europeu decadente, a vida é uma merda, que se f..., acreditando que estão manifestando uma rebeldia contra o Sistema, quando estão, na verdade, obedecendo-o, sendo submissos a Ele, rebelando-se, loucamente, cegamente. Na verdade, estão rebelando-se contra o seu Íntimo, a sua alma.

c) Pensarem em suicídio ou tentarem ou alcançarem êxito nessa decisão radical de ir embora desta Terra. Ao chegarem no Mundo Espiritual, algumas vezes com uma passagem pelo escuro no caminho ou pelo Umbral, encontram irmãos e irmãs fazendo lá o que eles vieram fazer aqui na Terra e não fizeram, e aí percebem que caíram, quando na Terra, nas malhas do "Ser jovem é...", do que é vendido como "Coisas da juventude...". Vieram ser faróis e apagaram a sua luz; vieram para salvar seus irmãos e irmãs jovens e não conseguiram salvar nem a si próprios.

Quem pensa em se suicidar é porque não aguenta mais viver ou não aguenta mais viver com aquele problema, com aquela situação, é muito pesado, é muito doloroso, não aguenta mais pensar nisso, as coisas não mudam, parece que não tem saída, que vai ser assim para sempre, quer dar um jeito de acabar com isso, já que não consegue mudar a situação e o sentimento em relação a ela (geralmente tristeza, mágoa, rejeição, raiva ou indignação). A pessoa que pensa em se matar não vê outra solução e acredita que se matando irá acabar com o sofrimento, mas, na verdade, irá iniciar um sofrimento muitíssimo maior, pois quem mata seu corpo muitas vezes fica preso nele e se vê sendo velado, enterrado, fica lá no caixão, os bichinhos lhe comendo, muitos Espíritos inferiores em volta lhe perturbando, zombando, rindo, debochando, e se sai do corpo morto eles lhe pegam, levam para um lugar horrível, que chamam de Inferno ou Umbral, onde pode permanecer por décadas ou séculos até ser resgatado e levado para um local de atendimento no Astral. Após ser atendido e melhorar, vai começar a conviver com as pessoas que lá habitam, que estão se preparando para reencarnar, assiste a aulas, assiste a palestras e, então, arrepende-se amargamente do que fez, pois não era nada disso que havia programado para aquela encarnação, e vai se preparando para voltar para a Terra, viver de novo aqui. Sem falar que, desde que se matou, viu seus familiares sofrendo terrivelmente, seus amigos e amigas sofrendo muito e, além dos sentimentos que levaram a matar seu corpo, começa a sentir uma culpa terrível por isso, agravada por perceber, tardiamente, que nada adiantou, que não morreu... Descobre, então, que os pensamentos e os sentimentos não estão no corpo físico, estão no corpo emocional e no corpo mental, e esses o suicídio não mata.

Muitas vezes, não fica no caixão, preso no corpo, volta para sua casa e vê o que causou em seus familiares e amigos, vê o sofrimento que provocou neles, quer falar, ninguém lhe ouve, ninguém lhe vê, pode até ficar morando lá, invisível, vendo a depressão que causou neles, as doenças que irão desenvolver por isso, muitas vezes o que fez acabou com a vida de alguém, um irmão, uma irmã, sabe o trauma que alguém matar-se provoca nas pessoas da casa? Se não aguentar mais conviver com isso, pode sair de casa e ir perambular pelas ruas como, literalmente, um fantasma, sente saudade do seu quarto, do seu computador, do celular, das redes sociais, das festas, não tem mais nada disso, agora está invisível, só os seres invisíveis das ruas lhe veem, e sabe que tipo de seres invisíveis andam pelas ruas?

Então, meu amigo, minha amiga, antes de cometer essa verdadeira loucura, leia os livros espíritas e espiritualistas sobre o suicídio, faça uma boa Terapia (se já fez e não deu certo, procure de uma outra Linha), busque a espiritualização. Se a sua vida não tem sentido, entre em uma ONG, em uma Obra Social, vá ajudar seus irmãos, suas irmãs, doentes, carentes, crianças órfãs, crianças com câncer, velhinhos abandonados, pessoas que sofrem muito mais do que você. Não seja egoísta, abra seu coração, tanta gente sofrendo, precisando de ajuda, precisando de pessoas boas, sensíveis, como você, vá lá, dê a mão para elas, vai ser muito bom para elas e muito bom para você, sabe por quê? Primeiro, porque você encontrará uma missão espiritual em sua vida; segundo, porque vai ver muita gente que sofre muito mais do que você. Não se mate, não vale a pena, até porque não vai morrer mesmo.

20. A BEBIDA ALCOÓLICA

Escrevi este texto em 2012, quando do livro *Como evoluir espiritualmente em um mundo de drogas*, por isso os dados são daquela época. Mas a finalidade maior de reproduzi-lo aqui é mostrar para os jovens como a indústria da bebida alcoólica se utiliza dos mais variados artifícios e estratégias para nos convencer a beber sem nenhuma moderação, pois, como toda indústria, quer vender. Não existe nenhuma preocupação com a nossa saúde, física, mental, emocional, espiritual, é um negócio como qualquer outro, só que é um negócio que nos adoece e nos mata, mais do que qualquer catástrofe, mais do que qualquer guerra! E é um negócio legalizado, altamente divulgado, um verdadeiro bombardeio de publicidade em todas as mídias, com algumas pitadas de hipocrisia, como "Se for dirigir, não beba" e "Beba com moderação". Vamos a ele:

O consumo de álcool é um hábito antigo que, dentro de 100 ou 200 anos, vai desaparecer da face da Terra. E aí a bebida alcoólica receberá o mesmo *status* das drogas hoje consideradas ilícitas, será ilegal. Todas as bebidas alcoólicas, o vinho, a cerveja, o uísque, a vodca, a cachaça, todas as bebidas alcoólicas só têm um objetivo: embebedar as pessoas. Elas são a porta de entrada para as demais drogas, a porta inicial para o uso das drogas chamadas ilícitas, junto com o cigarro. Depois dela e do cigarro, geralmente vem a maconha, depois a cocaína, e por aí vai. Todos nós fomos e somos criados em uma sociedade em que o seu uso é, além de permitido, incentivado e estimulado. Alguém recorda alguma festa em sua casa em que não seja utilizada a bebida alcoólica? A maioria das pessoas acredita que o uso da bebida alcoólica é algo normal e passa essa ideia para os seus filhos e para os seus netos. Agregando isso ao incentivo maciço da mídia para o uso de bebida, nós crescemos sendo viciados e vamos viciando as novas gerações.

As bebidas alcoólicas, inicialmente, tinham um conteúdo alcoólico relativamente baixo, como, por exemplo, o vinho e a cerveja, já que dependiam exclusivamente do processo de fermentação. Com o advento do processo de destilação, introduzido na Europa pelos árabes, na Idade Média, surgiram novos tipos de bebidas alcoólicas, que passaram a ser utilizados na sua forma destilada. A partir da Revolução Industrial, registrou-se um grande aumento na oferta desse tipo de bebida, contribuindo para um maior consumo e, consequentemente, gerando um aumento no número de pessoas que passaram a apresentar problemas físicos, psicológicos, mentais e espirituais, devido ao uso contínuo e frequente de álcool.

No Brasil, a cerveja é a bebida alcoólica mais consumida, devido a uma estratégia de *marketing* extremamente rica e poderosa. Mais de 70% de todo o volume de álcool consumido no país é em forma de cerveja. Ela é a principal bebida que os jovens começam a consumir, mostrando o poder da propaganda enganosa sobre as pessoas, quando contínua, persistente e ininterrupta, comprovando que "É possível enganar muitas pessoas com uma mentira quando ela é afirmada constantemente como se uma verdade fosse". A mentira vem na forma de associar o uso da cerveja com conquistas. As manobras de divulgação e de venda utilizadas pelo *marketing*, cuidadosamente planejadas, são baseadas no conhecimento de que, quanto mais precoce é o consumo entre os jovens, maior é a possibilidade de cativá-los e de viciá-los, por isso a publicidade é feita prioritariamente para os pré-adolescentes, para os adolescentes e para os adultos jovens, associando o ato de beber ao sucesso nos esportes, às conquistas afetivas e ao progresso financeiro, quando o que ocorre é o oposto, ou seja, quem bebe vai mal nos esportes, mal na vida afetiva e mal na vida profissional. Como os fabricantes de bebida alcoólica e algumas agências de publicidade conseguem convencer uma grande parcela de jovens e de adultos de que beber faz bem e traz sucesso é difícil de entender.

O álcool é uma droga psicotrópica, pois atua no Sistema Nervoso Central, provocando uma mudança no comportamento de quem o consome, além de ter um grande potencial para desenvolver dependência. O álcool é a única droga psicotrópica que tem seu consumo admitido e incentivado pela sociedade. Apesar de sua ampla aceitação social, que considera "beber moderadamente" como algo normal, o consumo diário de bebidas alcoólicas é considerado alcoolismo, pois alcoolismo não é viver bêbado, é beber todos os dias, mesmo que seja apenas uma cervejinha, uma taça de vinho, uma dose de uísque, uma caipirinha etc. O ato de beber todos os dias caracteriza o vício no álcool. Uma grande parcela dos pais foi viciada pelos seus pais e vicia os seus filhos, num ciclo contínuo, estimulado pela nossa sociedade atual, que chama o que a maioria faz de "normal" e confunde o correto com o "habitual". Como em todos os vícios, o viciado necessita de companhia para não se sentir só, e as pessoas que bebem em casa precisam que seus familiares, seus amigos e seus parentes as acompanhem no vício, nem que sejam seus próprios filhos. O mesmo para quem bebe nos bares, nos clubes, em todos os lugares; nenhum viciado quer ficar só, e raros viciados dizem que o são, principalmente os viciados numa droga legalizada como a bebida alcoólica.

Por causa do alcoolismo criado e incentivado nas nossas residências, a incidência do alcoolismo é mais ampla entre os mais jovens, especialmente na faixa etária dos 14 aos 29 anos, por isso o *marketing* concentra aí a sua ação de convencimento e atração. O álcool é responsável por cerca de 60% dos acidentes de trânsito e aparece em 70% dos laudos cadavéricos das mortes violentas. O Brasil detém o primeiro lugar do mundo no consumo de destilados de cachaça e é o quinto maior produtor de cerveja, da qual só a Ambev (Companhia de Bebidas das Américas) produz 35 milhões de garrafas por dia! Ela é resultado da fusão da Brahma com a Antarctica, que, segundo o seu *site*, "... em 1999, decidiram juntar esforços, o que impulsionou o setor de bebidas brasileiro, possibilitou a entrada no mercado de novas marcas tanto da Ambev como da concorrência, ampliou o leque de produtos de qualidade a preços acessíveis, incentivou o lançamento de inovações...".

Como eu sou um utópico que sonha com o fim da fabricação das bebidas alcoólicas em nosso planeta, começando pelo Brasil, para que as pessoas parem de se embebedar, de ficarem doentes, de matarem e de morrerem por causa disso, e essa empresa é um representante do oposto disso, utilizarei o seu exemplo, o que está no seu *site*, para mostrar o que penso a respeito desse vício de milhões de pessoas, um vício "normal", legalizado, que passa de geração para geração, ocasionando centenas de malefícios, do ponto de vista físico, emocional, moral e espiritual, e nenhum benefício!

No *site* oficial da Ambev, quando escrevi *Como evoluir espiritualmente em um mundo de drogas*, encontravam-se as suas "conquistas", as suas "vitórias" e os seus prêmios recebidos, por conseguirem embebedar tantas pessoas pelo Brasil afora, provocando doenças, acidentes, mortes e assassinatos em milhares de brasileiros. Vejamos o motivo de tanto orgulho da Ambev, em destaque no seu *site*:

Patrocinamos mais de mil eventos por ano em todo o país!

Shows, feiras, festivais, circuitos: a Ambev patrocina o entretenimento em todo o país. São mais de 1.000 eventos anuais realizados com o patrocínio ou o apoio das nossas marcas, sempre buscando o contato mais próximo com os diferentes públicos das mais diversas plataformas: Country, Eletrônico, Folia, Junina, Músicas Tradicionais, Premium, Sertanejo, Universitário, Surf, Forró, Samba e Vaquejada, entre outros.

Contribuímos na viabilização de eventos em todas as regiões brasileiras. Do Rio Grande do Sul, onde Stella Artois foi a marca patrocinadora oficial do Festival de Cinema de Gramado, ao Rio Grande do Norte, onde a Skol patrocina o Carnatal. As nossas marcas estão ao lado da cultura e do entretenimento. No Nordeste, Brahma Fresh patrocina o Circuito de Vaquejadas, que passa por Fortaleza, Natal e outros cinco municípios do Nordeste. Na mesma região, aproximadamente dez milhões de pessoas participam de mais de 300 festas juninas patrocinadas por Skol, como o tradicional São João de Caruaru (PE) e o São João de Campina Grande. A marca está presente ainda nos Carnavais de Recife e Olinda, como patrocinadora oficial das festas há mais de três anos.

Por meio das plataformas Skol Folia e Skol Festança, a Skol leva sua marca aos principais eventos de música baiana do país e aos shows sertanejos, buscando estar ainda mais próxima do consumidor por meio da música. A Brahma investe na plataforma country há mais de 30 anos. A marca apoia a realização de mais de 200 eventos de rodeio pelo país, como os de Barretos, Limeira, Americana e Jaguariúna. Já a Antarctica aposta no samba e no forró, apoiando as principais festas regionais. Bohemia, a primeira cerveja do país, é a marca da harmonização gastronômica. Seus eventos promovem a combinação da família de cervejas premium aos prazeres da boa mesa em lugares como o bairro da Vila Madalena, em São Paulo, a cidade de Tiradentes (MG), entre outros.

O que não encontrei no *site* da Ambev é uma lista das doenças e das consequências produzidas pelos seus "produtos". Talvez esteja, mas não encontrei. Lá só vi vitórias financeiras, quanto dinheiro ganharam embebedando, adoecendo e matando pessoas, conquistando público, associando coisas opostas, como cerveja e cultura, cerveja e esporte, reforçando o vínculo obrigatório do conceito de festa com ficar bêbado, de alegria com ficar doidão, mas não encontrei uma lista das doenças e dos transtornos provocadas pelos seus "produtos". Então, já que não achei no *site*, vou colocar aqui essa listagem.

Algumas das consequências físicas do uso contínuo e frequente das bebidas alcoólicas:
– Alterações no sangue: hemorragias, lipemia (gordura no sangue).
– Ossos e articulações: ácido úrico elevado, degeneração dos ossos com aumento do risco de fraturas e de osteoporose.
– Cérebro: epilepsia, síndrome de Wernicke-Korsakoff, degeneração cerebelar, ambliopia.

– Câncer: na boca, no esôfago, no estômago, no fígado e em outros órgãos.

– Pulmão: pneumonia, tuberculose e outros males.

– Coração: arritmias, miopatia (inflamação do músculo cardíaco), cardiopatia, hipertensão, doença coronariana e maior risco de angina no peito.

– Fígado: cirrose hepática, cálculo biliar, hepatite A e outras doenças.

– Pâncreas: pancreatite (inflamação do pâncreas), aumento da incidência de diabetes e câncer.

– Sistema nervoso periférico: neuropatia periférica (inflamação e degeneração dos nervos), atrofia dos membros, principalmente dos inferiores.

– Sexo: disfunção testicular e impotência.

– Esôfago e estômago: gastrite, úlcera péptica, esofagite e câncer (pelos efeitos corrosivos diretos do álcool sobre esses órgãos).

– Maior incidência de doença de Alzheimer e outras doenças senis.

– Intestino: aumento da incidência de úlcera duodenal.

– Rins: aumento da incidência de cálculo renal (pedras nos rins).

– Articulações: aumento da incidência de artrite reumática.

– Psiquiatria: cerca de 90% das internações em hospitais psiquiátricos por dependência de drogas acontecem devido ao álcool. Aumento da incidência de esquizofrenia, de paranoia e de outras doenças psiquiátricas. Suicídios.

– Policial: grande número dos casos de homicídio foram cometidos por pessoas embriagadas.

– Acidentes fatais nas estradas: motoristas alcoolizados são responsáveis por 65% desses acidentes.

– O alcoolismo é a terceira doença que mais mata no mundo.

– O alcoolismo é causa de cerca de 350 doenças (físicas e psiquiátricas).

– O uso frequente de bebida alcoólica torna dependentes um de cada dez usuários.

Mas não sejamos injustos. No *site* da Ambev tem um *link* com orientações aos pais sobre como falar com seus filhos sobre o consumo de bebida alcoólica. Ou seja, a Ambev patrocina mais de 1.000 eventos culturais no Brasil anualmente, onde estão crianças e jovens, visando a incentivar o consumo de bebida alcoólica o mais precocemente possível em nossos filhos para viciá-los, e nos orienta como falar com os nossos filhos para não beberem ou para beberem moderadamente...

Vejamos o que a Ambev nos diz:

Cartilha: Como conversar sobre bebida alcoólica com seu filho de acordo com a sua faixa etária
"Tratar de certos assuntos com os filhos nem sempre é simples. E o consumo do álcool é uma dessas situações. O que falar? Como se comportar?"
Não seria melhor não estimular as pessoas a se embebedarem?
"Não existe nenhum curso que ensine como evitar que seu filho beba. Mas há modos de se comunicar com crianças e com adolescentes sobre o tema. O melhor caminho é se preparar."
O melhor caminho não seria parar de fabricar?
"Para isso, fizemos aqui um resumo do guia Como falar sobre o uso de álcool com seus filhos*, obra lançada em 2005 pelo Centro de Informações sobre Saúde e Álcool (Cisa) com o apoio da Ambev. O guia está longe de ter a pretensão de resolver o problema."*
Beber é um problema? Bem, se já sabem isso, só falta agora parar de fabricar.
"O Guia é apenas uma ferramenta de apoio para orientar pais e educadores. Veja logo abaixo nosso resumo do livreto, com orientações por faixa etária dos filhos. As informações estão baseadas na cartilha 'Be prepared to talk to your children about alcohol', da ONG canadense Éduc'alcool. A íntegra do material está disponível para download no Slide Share da Ambev. Veja o vídeo 'Como falar sobre uso de álcool com seus filhos', apresentado pelo ator Dan Stulbach e pelo presidente executivo do Cisa, Dr. Arthur Guerra de Andrade. O filme mostra os efeitos nocivos do álcool na adolescência e orienta como os pais devem reagir ao problema."

Se o álcool é reconhecido como nocivo na adolescência, por que a maior parte da propaganda é direcionada para essa faixa etária?

O Guia é dirigido para diversas faixas etárias. Vamos a elas:

Filhos de 8 a 11 anos: *"Ao contrário do que muitos imaginam, crianças entre 8 e 11 anos são capazes de ter curiosidade de consumir bebidas alcoólicas."*

Não é difícil de imaginar isso, se as crianças veem seus pais, irmãos mais velhos, tios, avós, bebendo em todas as festas. Inimaginável seria elas não terem essa curiosidade...

"E existem ocasiões que facilitam o acesso às bebidas, caso das festas familiares, por exemplo."

O correto é: em todas as festas familiares.

"É possível que seu filho peça um gole da bebida, para você ou para outra pessoa."

Os meus filhos não pedem para mim, eu não bebo, e na minha casa não entra bebida alcoólica.

"E não há uma única maneira para lidar com essa situação. Há quem deixe os filhos 'molhar os lábios' para sentir o gosto da bebida. Outros proíbem e alertam ainda ser muito cedo."

Proibir os filhos de beber, bebendo, não me parece ser uma mensagem coerente... E alertar ser ainda muito cedo, também não. E "molhar os lábios" não parece um estímulo para eles beberem?

"A decisão é dos pais. Mas não se esqueça que a venda de álcool é proibida para menores de 18 anos. E que o consumo desse tipo de bebida, ainda que em doses pequenas, pode trazer prejuízos para o desenvolvimento da criança. Por isso, é importante que os pais tomem uma posição conjunta e se mantenham fiéis a ela. Nunca deixe seus filhos sozinhos por muito tempo sem supervisão adulta."

Não seria mais seguro não existir bebida alcoólica em casa, ou, pelo menos, ninguém beber na frente das crianças?

"É importante lembrar ainda de ocasiões como festas infantis em que você não estará presente. Certifique-se de que existam atividades de entretenimento, de que haja bebidas não alcoólicas (sucos, refrigerantes) e de que o evento tenha a supervisão de um ou mais adultos. Eles não precisam ficar de olho a cada segundo, mas devem estar presentes."

Quem sabe uma festa sem bebida alcoólica?

Filhos de 12 a 14 anos: *"Pesquisa realizada em 35 países constatou que a idade média em que os jovens ficaram bêbados pela primeira vez foi de 13,6 anos para meninos e de 13,9 anos para meninas."*

Bem, desde bem pequenininhos, vendo os adultos bebendo, em todas as festas, até que 13,6 ou 13,9 anos não é tão cedo assim...

"Essa é a idade em que os adolescentes começam a testar a autoridade dos pais. Portanto, a vigilância é fundamental. Lembre-se de que você mesmo, ou amigos seus, testaram os pais quando estavam nessa fase da vida. Não adianta entrar em pânico. Nem se desespere com a possibilidade de seus filhos beberem escondidos. Em vez de se preocupar, mas não fazer nada, converse com eles. Explique todos os riscos associados e os efeitos que a bebida provoca no corpo."

Explicar os riscos e os efeitos maléficos que a bebida provoca no corpo? E se o filho perguntar: "E por que você bebe?". Não encontrei no Guia resposta para essa provável pergunta...

"Caso você resolva permitir o consumo, faça um acordo sobre quantidade, tipo e situações em que o consumo será tolerado. Estabeleça limites. E cobre o cumprimento. Lembre sempre ao seu filho que a lei proíbe a venda de bebidas para menores. E que, se ele tentar comprar, pode ter complicações com a polícia, o que envolverá os pais como responsáveis legais. Lembre-se: o álcool pode ser prejudicial ao seu filho mesmo se ingerido em pequenas quantidades. Cada corpo responde de uma forma diferente aos efeitos da bebida."

Puxa vida, o álcool pode ser prejudicial, mesmo se ingerido em pequenas quantidades... Então, por que patrocinam ou apoiam 1.000 eventos para incentivar o seu uso? E por que se regozijam com a venda dos seus "produtos", com os lucros cada vez maiores e com o aumento do número de "consumidores"?

Filhos de 15 a 16 anos: *"Lembra quando você dizia para seus pais a frase 'você não manda em mim'? É grande a possibilidade de seus filhos adolescentes repetirem o discurso. E hoje você sabe que é seu papel orientar e proteger os jovens."*

Agora gostei. Também acho que devemos orientar e proteger os jovens. Mas orientar a não beber, bebendo... E também acho que devemos proteger. Proteger de quem?

"Jovens nessa faixa etária afirmam constantemente sua identidade. E sofrem pressão dos amigos para replicar comportamentos. O que, definitivamente, nem sempre é positivo. Em festas e em encontros, todos querem beber bastante. E muitos passam dos limites."

Em festas e em encontros, todos querem beber bastante. E muitos passam dos limites... Isso eu nem vou comentar!

"Lembre seus filhos sobre os limites demarcados. Eles devem respeitar os acordos feitos, mesmo agora, que estão mais crescidos. É essencial que você saiba sempre onde e com quem eles estão. Mostre interesse pelos assuntos deles. Dê apoio sempre que pedirem, quando for algo que você considere importante."

É essencial saber onde eles estão... Podemos permitir sua ida a um dos eventos patrocinados ou apoiados pela Ambev?

"Filhos, claro, sentem quando os pais estão ausentes. E procuram preencher essa lacuna de outros modos. Ser presente não significa ser controlador. Vale mais ouvir, entender os pontos de vista e perceber como eles encaram o mundo. Recorde-se: os pais que estabelecem limites e, ao mesmo tempo, são bons ouvintes, protegem os jovens dos riscos associados ao consumo de álcool, diferentemente daqueles que são apenas autoritários."

Eu protejo meus filhos dos riscos do álcool não bebendo e sendo contrário à sua fabricação.

Filhos de 17 a 18 anos: *"É comum que os jovens entre 17 e 18 anos não se preocupem com o que os pais pensam. Momentos de lazer e a necessidade de afirmação diante do grupo, entre outros fatores, podem ter influência na decisão de beber."*

Esse nosso trabalho contra a rebeldia fica difícil quando grande parte das propagandas de bebida alcoólica e de cigarro incentiva a rebeldia deles...

"O importante é esclarecer. Converse com seu filho sobre as consequências de beber no trabalho, na escola, enquanto pratica esportes ou

dirige. Lembre a ele que, se for dirigir, jamais deve beber. E de que a legislação brasileira não permite a venda de bebidas alcoólicas para menores de 18 anos."

Prefiro conversar com meus filhos sobre não beber nunca! Nem no trabalho, nem depois, nas chamadas *happy hours* tão enfeitiçadoras das propagandas de bebida alcoólica, com aqueles jovens lindos, saudáveis, vencedores, tão felizes, bebendo, cantando, ensinando como comemorar a vida... E beber enquanto pratica esportes não é comum, mas antes ou depois é habitual, pois os jovens aprendem com seus pais que comemorar é sinônimo de beber, e com todos aqueles *outdoors* nos campos de futebol, comerciais na televisão de jogadores, treinadores, artistas, vendendo a sua alma por algumas moedas de ouro, fica difícil falar para nossos filhos não beberem sem ser chamado de "careta"...

A seguir, após essa demonstração de preocupação com os nossos filhos e de apoio desinteressado à cultura brasileira, apresento o Balanço do 3º trimestre de 2010 da Ambev, disponível em seu *site*:

Ambev divulga resultado do terceiro trimestre de 2010

"Durante o terceiro trimestre, nosso EBITDA Normalizado consolidado totalizou R$ 2.655,60 milhões, um crescimento de 12,3%, enquanto o EBITDA acumulado até a data foi de R$ 7.885,00 milhões, representando um crescimento de 10,8% em relação ao mesmo período de 2009. O volume consolidado aumentou 8,1% no terceiro trimestre de 2010 e 8,5% acumulado até a data, principalmente devido ao forte crescimento de volume no Brasil."

Eu não sei o que é EBITDA Normalizado consolidado, mas sei o que são "milhões", o que é "crescimento", o que é "crescimento de volume", e isso significa que mais pessoas estão bebendo, mais pessoas estão ficando alcoolistas, mais pessoas estão ficando doentes, mais internações em hospitais psiquiátricos, mais acidentes de trânsito, mais assassinatos, mais suicídios, mais famílias destruídas... E se isso é motivo de satisfação, uma de duas: ou o mundo está louco ou enlouqueci eu.

"No Brasil os fundamentos macroeconômicos positivos continuam a dar suporte ao crescimento da indústria. Além disso, o sucesso das nossas

inovações e ganhos de market share *em comparação com 2009 continuaram alavancando o crescimento do volume de cerveja, que aumentou 12,5% no trimestre. Nosso EBITDA normalizado no Brasil apresentou crescimento de 15,4% no trimestre, com margens reduzindo 130 pontos-base. Conforme divulgamos anteriormente, nosso CPV e SG&A sofreram impacto negativo principalmente dos maiores custos das latas importadas, do açúcar e dos custos logísticos mais altos devido ao aumento do volume nas regiões NE/NO. 'Nosso desempenho no Brasil confirma que estávamos com a estratégia certa para aproveitar o momento forte da indústria e entregar novamente resultados sólidos para cerveja e refrigerante neste trimestre', diz João Castro Neves, Diretor Geral da Ambev."*

Nosso desempenho no Brasil... Nós estávamos com a estratégia certa... resultados sólidos... *Replay* da minha frase final do comentário anterior.

"Nossas operações da HILA-Ex apresentaram um crescimento de volume de 4,1% e EBITDA negativo de R$ 21 milhões no trimestre, impactado principalmente pelo desempenho na Venezuela. João Castro Neves comenta: 'HILA-Ex continua desafiadora, no entanto demos um passo importante para melhorar nossa performance, que foi a aliança estratégica na Venezuela com a Regional, com a qual estamos muito satisfeitos e que nos deixa ainda mais confiantes de que vamos entregar melhores resultados na região'. A combinação de negócios com a Cervecería Regional na Venezuela foi finalizada em 20 de outubro de 2010 e será refletida no demonstrativo de resultados do quarto trimestre de 2010."

Não sei o que é HILA-Ex, mas aprendi que ela é desafiadora. E que a indústria da pior droga existente no mundo deu um passo importante para melhorar a sua performance e que está muito satisfeita e confiante nos resultados, e que o 4º trimestre de 2010 será ainda melhor que o 3º trimestre. Melhor, claro, em dinheiro ganho com doenças, com acidentes e com mortes.

"Nossas operações na América Latina Sul contribuíram com um EBITDA Normalizado de R$ 349,4 milhões no período, refletindo maiores volumes no negócio de cerveja como resultado do crescimento da indústria na região e de ganhos de market share, *parcialmente compensados por volumes fracos da indústria de refrigerante. 'Alcançamos um crescimento*

de 16,8% no EBITDA do trimestre devido ao desempenho sólido do nosso negócio de cerveja, mesmo com o contexto ainda desafiador na Argentina. Fomos muito eficientes em suportarmos nossas marcas mainstream *focando em maximizar nossas receitas', diz Bernardo Paiva, presidente da Quinsa."*

Novamente o EBITDA Normalizado... Continuo não sabendo o que é, mas "R$ 349,4 milhões" eu sei. E também "maiores volumes no negócio de cerveja", "desempenho sólido do nosso negócio de cerveja", "muito eficientes...", "maximizar nossas receitas...", isso eu sei o que é.

"No Canadá, entregamos um EBITDA Normalizado de R$ 445,1 milhões no trimestre, registrando um aumento de 7,6% e uma expansão da margem em 610 pontos-base. 'Estou confiante na nossa habilidade de entregar resultados positivos através de disciplina no gerenciamento dos custos enquanto trabalhamos na estabilização da equação entre market share *e rentabilidade no Canadá', diz Bary Benun, presidente da Labatt."*

Brasil, Venezuela, Argentina, Canadá... Deve ser um bom negócio.

"A geração de caixa operacional no 3T foi de R$ 2.574,2 milhões, levando o acumulado para R$ 7.542,7 milhões, um aumento de 11,5% em relação ao mesmo período de 2009, enquanto o capex acumulado está próximo dos R$ 1,5 bilhão. 'Estamos no caminho para concretizar o investimento de R$ 2 bilhões de capex até o final do ano no Brasil', diz Nelson Jamel, diretor Financeiro e de Relação com Investidores da Ambev. 'Estamos satisfeitos com os resultados alcançados neste trimestre, não apenas pelo forte desempenho no Brasil, mas também pela evolução observada em outros importantes mercados. Como sempre, todas essas conquistas foram possíveis devido ao comprometimento da nossa gente, que é nosso maior ativo e que tem uma vontade permanente de se superar com uma execução extraordinária. Continuaremos focados em aumentar nossa receita e buscar eficiências que nos ajudem a transformar gastos evitados em investimentos no mercado para financiar nossa estratégia de cost-connect-win*', diz João Castro Neves, diretor-geral da Ambev. Resultado do terceiro trimestre de 2010."*

Eu não sei o que é capex, nem R$ 2 bilhões, mas é muito dinheiro. Os investidores da Ambev têm motivo para estarem satisfeitos. "O comprometimento da nossa gente...", "Vontade permanente de se superar...", "Execução extraordinária...", "Continuamos focados em aumentar nossa receita...", "Estratégia de *cost-connect-win*...". Se me lembro do inglês no colégio, *win* tem a ver com vencer... O negócio é vencer, ganhar dinheiro, ficar rico, comprar carro importado, escritório com ar-condicionado, vinhos e uísques de boa safra, tem que aproveitar a vida, ela é curta.

O que faltou nesse resultado vitorioso do 3º trimestre de 2010 foram as consequências do crescimento das vendas de bebidas alcoólicas, como:

– Quantas doenças foram provocadas?
– Quantas cirurgias de emergência?
– Quantos transplantes de fígado?
– Qual o número de aulas faltadas pelos alunos na manhã seguinte?
– Qual o número de faltas ao trabalho?
– Qual o número de acidentes causados?
– Qual o número de famílias destruídas?
– Qual o número de internações psiquiátricas?
– Qual o número de assassinatos cometidos?
– Qual o número de suicídios?
– Quantos obsessores ficaram satisfeitos com os resultados obtidos?
– Como está sendo a festa no Umbral pelo aumento crescente da venda de bebida alcoólica, resultado de uma estratégia cuidadosamente planejada lá?
– O que Deus acha de seus filhos que se dizem cristãos e voltaram a ocupar o Templo?

No *site*, encontramos também momentos "engraçados", em relação às vitoriosas estratégias de *marketing* utilizadas para embebedar e para viciar as pessoas com essa droga. Vejamos:

"O ano de 2010 registrou guinadas na publicidade de algumas das principais marcas da Ambev. No final de julho, depois do Mundial de Futebol, a Brahma anunciou a nova cor da sua lata, antes branca, agora vermelha. A mudança é parte da estratégia do novo posicionamento da marca: 'O sabor de sua Brahma agora na cor da Brahma'. Com o

conceito, a Brahma, que ao longo dos três anos anteriores havia direcionado a comunicação nos valores de seu consumidor, passou a destacar as principais características do produto: a tradição e a singularidade de seu líquido e sabor. Criada pela agência África, a campanha começou com um teaser, que perguntava 'Por que a lata da Brahma é branca?'."

Alguém sabe por quê? Por favor, me informe.

"A Antarctica também estreou seu novo posicionamento em julho. A campanha 'Boa é Antarctica. A cerveja da Diretoria', criada pela agência AlmapBBDO, busca traduzir aprendizados de pesquisas, que indicam o perfil de quem consome Antarctica Pilsen: pessoas que valorizam relações pessoais estáveis baseadas em confiança e reciprocidade. São bons de papo e gostam de saborear a bebida com seus amigos de longa data e a família, tanto em bares como nos churrascos, nas feijoadas e nos encontros aos fins de semana."

Releiam a comovente Cartilha de como os pais devem falar com seus filhos sobre bebida alcoólica.

"A marca líder também surpreendeu. A Skol mudou sua comunicação em setembro, com a campanha 'Um por todos. Todos por uma', assinada pela F/Nazca, reforçando com bom-humor o posicionamento de sociabilidade e curtição com os amigos, principais características da marca."

Os três mosqueteiros devem estar se revirando no túmulo... Fazer tudo aquilo para virar propaganda da Skol. Ninguém merece.

"Para traduzir de forma irreverente o principal atributo da principal inovação da Ambev em 2010, a Skol 360°, uma cerveja que não estufa, a agência F/Nazca criou o conceito criativo do 'homem baiacu', que define de maneira divertida o grupo de pessoas que se sente estufado quando bebe cerveja. O produto foi lançado em São Paulo, depois do bom desempenho do projeto-piloto em Brasília e em Goiás, no primeiro semestre deste ano."

Homens-baiacu, reajam!

"A criatividade dos anúncios de Skol foi reconhecida. Em novembro, a agência F/Nazca ganhou o prêmio da categoria Campanha, um dos principais do 32º Profissionais do Ano, pela série de filmes 'Redondo é Rir da Vida'."

Entendi... o negócio é rir da vida, a vida é para curtir, não levar nada a sério, para que estudar?, trabalhar duro é para otário... tem é que ganhar grana, beber, fumar um, cheirar umas carreirinhas... E com essa apologia do não trabalho, do não levar a vida a sério, do não amadurecer, ainda ganha prêmio? Por favor, chama Jesus.

Para não dizerem que estamos pegando pesado demais com essa empresa, que representa em sua filosofia todas as empresas que fabricam e que vendem produtos prejudiciais para a humanidade, sob um aspecto inocente de incentivadoras de aumento de empregos e de impostos, vamos colocar aqui este atestado de cuidado que tem com as nossas crianças, que pelo Estatuto da Criança e do Adolescente é a pessoa até doze anos de idade incompletos:

Publicidade responsável para crianças

"A Ambev se compromete a não inserir anúncios publicitários de seus produtos em programas de televisão, de rádio, mídia impressa ou sites de internet, *que tenham 50% ou mais da audiência constituída de crianças. Em conjunto com outras 23 empresas, líderes da área de alimentos e bebidas, elaboramos e adotamos um Compromisso Público de Publicidade Responsável. O documento, em vigor desde 1º de janeiro de 2010, estabelece os seguintes compromissos:*

"1) Não fazer, para crianças abaixo de 12 anos, publicidade de alimentos ou bebidas, com exceção de produto cujo perfil nutricional atenda a critérios específicos baseados em evidências científicas.

"1.1) Os critérios mencionados serão adotados específica e individualmente pelas empresas signatárias.

"1.2) Para efeito desse compromisso, as limitações são para inserções publicitárias em televisão, rádio, mídia impressa ou internet *que tenham 50% ou mais de audiência constituída por crianças de menos de 12 anos.*

"2) Nas escolas, não realizar, para crianças com menos de 12 anos, qualquer tipo de promoção com caráter comercial relacionada a alimentos ou bebidas que não atendam aos critérios descritos anteriormente, exceto quando acordado ou solicitado pela administração da escola para propósitos educacionais ou esportivos.

"3) Promover, no contexto de seu material publicitário, quando aplicável, práticas e hábitos saudáveis, tais como a adoção de alimentação balanceada e/ou a realização de atividades físicas."

O compromisso, certamente imposto pela Justiça, é de não inserção de publicidade de bebida alcoólica em programas, mídia, *sites*, constituídos de uma audiência de 50% ou mais de crianças até 12 anos incompletos. Lembremos que a idade média em que as crianças começam a beber é de 13-14 anos, imitando os adultos viciados. Venho aqui propor a ampliação desse limite para 21 anos, e mais adiante proibir completamente anúncios da droga em qualquer meio de comunicação.

Mas vejamos agora o Reconhecimento da Ambev pelos serviços prestados:

Veículos da imprensa como Exame, Você, Valor e Época reconhecem a atuação da Ambev.

"*Nossa atuação é reconhecida externamente. Ao longo dos mais de dez anos de sua existência, diversas instituições vêm concedendo distinções à Ambev por iniciativas socioambientais e por seu desempenho econômico. Um dos prêmios mais expressivos, entre tantos já recebidos, veio no primeiro semestre deste ano de 2010, quando a Ambev foi eleita a melhor empresa da década pelo prêmio 'Destaque Agência Estado'. O ranking elege as empresas que tiveram o melhor desempenho do ponto de vista dos acionistas dos últimos dez anos, e é elaborado pela Agência Estado, do mesmo grupo que detém o jornal* O Estado de S. Paulo*, em parceria com a Consultoria Econômática.*"

A melhor empresa da década! Por qual critério? Ajudar a acabar com a miséria do povo? Acabar com a fome? Aparelhar os hospitais para atender dignamente o povo brasileiro? Tornar o ensino brasileiro um exemplo para o mundo? Não, do ponto de vista dos acionistas. Hum...

"*Na área de gestão de pessoas, figuramos todos os anos na lista das melhores empresas do Brasil para se trabalhar de acordo com dois* rankings: *o das revistas* Você S/A *e* Exame *e o feito pela revista* Época *em parceria com o Great Place to Work. Na edição 2010 do Prêmio Você/Exame, a Ambev foi eleita a melhor empresa na categoria 'Gestão de Talentos'.*"

A melhor empresa em gestão de talentos. Talentos para o quê? Visitar velhinhos solitários, fazer companhia e tricô com velhinhas abandonadas em asilos? Distrair crianças órfãs em orfanatos? Levar comida para os mendigos nas ruas? Não, talento para vender bebida alcoólica. Chega a dar um cansaço...

"Recentemente, recebemos o Prêmio Transparência, que destaca as corporações cujos balanços contábeis se destacaram pela clareza e qualidade das informações. Ficamos em 1º lugar em ranking *do Valor Carreira, anuário que elege as melhores em gestão de pessoas."*

Prêmio Transparência. Isso é verdade, é tudo transparente, só não vê quem não quer.

Sejamos transparentes também. Todos sabemos que a propaganda de cerveja no Brasil é extremamente agressiva, endereçada sutilmente às crianças e aos adolescentes, visando a viciá-los o mais cedo possível. Se com isso forem mal no colégio, se ficarem doentes, se sofrerem acidentes, se destruírem as suas famílias, isso não importa, o que importa é ganhar dinheiro, festejar o aumento do consumo, abrir novas fábricas sempre com a presença da imprensa comemorando aquele evento e de muitos políticos discursando e aparecendo nos jornais e nas televisões sorridentes, por esse grande avanço do "progresso social". Afinal, são mais empregos, mais impostos, mas a que custo? Doença, acidentes, mortes. Mas isso não importa, o que importa é ganhar dinheiro.

Todos sabemos que os adolescentes que bebem com alguma ou com muita frequência, geralmente, têm pai, mãe e familiares que também ingerem álcool com alguma ou com bastante frequência. Todos sabemos que o consumo inicia vendo-os bebendo nas festas, porque fomos criados em uma sociedade que não consegue imaginar uma festa sem bebida, em casa à noite "para aguentar o tranco", nos fins de semana "para relaxar", para "comemorar" uma conquista profissional ou financeira, para "festejar a vitória do seu time" ou para "esquecer a derrota", para "brindar" nos aniversários, no Natal, no Ano-Novo, enfim, qualquer festa ou acontecimento é sempre associado ao ato de beber.

E quando um jovem torna-se viciado em bebida alcoólica, pelo mau exemplo dos adultos e por ação da propaganda nas rádios, nas televisões, nos jornais, simplesmente está reproduzindo, com a veemência dessa faixa etária, o mesmo comportamento de sua família e de quase todas as famílias, o que aprendeu desde criança vendo em sua casa e nas festas, o que lhe ensinaram e continuam lhe ensinando, o que lhe dizem seus ídolos do esporte, sempre sorrindo, sempre vencedores, com um copo ou uma latinha na mão, o que enxerga nos *outdoors* nos campos de futebol, nos carros de corrida. Enfim, nós viciamos os nossos filhos ou permitimos que os fabricantes de bebida alcoólica e algumas agências de publicidade o façam, com o beneplácito dos nossos governos, e depois os levamos aos psicoterapeutas para curar seu vício, criado, incentivado e permitido por nós mesmos, pela nossa irresponsabilidade e pela nossa omissão.

A mensagem que incutimos neles, desde crianças, e que alguns meios de comunicação se encarregam com extrema competência de confirmar, baseados no interesse de vender e ganhar dinheiro, é de que temos de relaxar com algo, temos de nos ativar com algo, temos de comemorar as vitórias com algo e esquecer com algo as derrotas, preparando o campo propício para, simplesmente, o jovem, curioso, um dia mudar o objeto do consumo e passar, então, para as chamadas drogas: a *Cannabis*, a cocaína, o *crack* e outras coisas. Mas quem viciou ou permitiu que viciassem os nossos jovens? Nós mesmos. Nós viciamos os nossos filhos nas drogas lícitas e depois infernizamos a nossa vida e muitas vezes acabamos com a vida deles, quando, simplesmente, agregam um "i" e passam a consumir as drogas ilícitas. A única diferença é um "i".

Uma criança que cresce vendo seus pais e seus familiares bebendo, comemorando vitórias, derrotas, aniversários e festas em geral, começa a apreender como é essa vida de adulto, o que os adultos fazem, como eles fazem, e acredita, então, que isso é o certo. E, aliadas a esse exemplo que damos, as estratégias de vendas da indústria de bebida, principalmente da cerveja, estimulam o seu consumo precoce entre crianças e adolescentes, para viciá-los. Seguindo o nosso próprio exemplo, a publicidade passa uma imagem de festa, de alegria e de diversão associada à cerveja e, esmerando-se ainda mais, atua na área da sexualidade e do sucesso afetivo e profissional. A aparência é de incentivo à cultura, de apoio às festas populares, de alegria, mas a finalidade é uma só: embebedar a todos e aumentar o número de usuários da droga. Ou seja, os governos permitem e nós concordamos, e muitas vezes participamos, de uma tática perversa de nos drogar e aos nossos filhos, sob os mais simpáticos e coloridos disfarces.

Os fabricantes de bebida alcoólica, indiferentes ao mal que provocam, sem nenhum amor ou consideração por nós, e pelos nossos filhos, visando apenas ao lucro, incentivam eventos em que a promoção da bebida alcoólica é fortíssima, e transformam manifestações culturais em estratégia de venda. O importante não é o evento, não é a cultura, o importante é vender bebida e ganhar muito dinheiro. Se algum jovem, saindo dali, embriagado, bater o carro e ficar tetraplégico ou morrer, isso não importa, o que importa para o fabricante e para o pessoal do *marketing* é quantas caixas venderam, quanto dinheiro ganharam, isso é festejado por eles, em seus escritórios, entre risadas e comemorações, enquanto os jornais, as rádios e as televisões noticiam os acidentes, as mortes, os assassinatos, provocados pelo uso da bebida alcoólica, mas para aliviar a sua consciência, também se associam às campanhas antiálcool, às campanhas contra acidentes de trânsito, numa demonstração de como é possível adorar a dois Senhores.

Nenhuma campanha antidroga funcionará enquanto os pais não pararem de ensinar os seus filhos a beber, parando eles mesmos de usar essa droga, enquanto algumas agências de publicidade, parceiras dos fabricantes dessa droga, não pararem de colaborar com a venda delas e os meios de comunicação não se recusarem a veicular os seus anúncios malignamente enganadores. É uma grande hipocrisia afirmar que a maconha é a porta de entrada para as drogas: são a bebida alcoólica e o cigarro. Elas são as drogas que abrem a porta para as chamadas drogas, a maconha, a cocaína e outras. Qualquer pai ou mãe que beba, diariamente ou frequentemente, qualquer quantidade de bebida alcoólica e fume cigarro é dependente químico e não tem uma autorização interna para condenar o seu filho se ele também beber, fumar cigarro ou usar qualquer outra droga.

Algumas agências de publicidade, buscando anunciantes sem nenhum critério, a não ser o de ganhar muito dinheiro, para ficarem famosas e disputarem o prêmio de Melhor Agência do Ano, divulgam qualquer coisa, ajudam a vender qualquer coisa, cigarro, bebida, produtos supérfluos, "alimentos" artificiais, vale tudo. As propagandas de bebida alcoólica mostram modelos ou cantoras seminuas, ganhando dinheiro e vendendo a sua alma, segurando garrafas geladas, com a espuma da cerveja transbordando dos copos e das canecas, numa celebração de festa, de sexualidade e de alegria. Alguns jogadores e treinadores de futebol transmitem a mesma mensagem, de que o importante é festa, sexualidade, alegria, e eles são vencedores, ganham salários milionários, qual jovem não gostaria de estar em seu lugar, ser famoso, ganhar muito dinheiro, ter todos os homens ou todas as mulheres aos seus pés, e eles conseguiram tudo isso porque bebem cerveja, são vencedores porque bebem, estão sempre sorrindo, eles são felizes, são realizados! Vários cantores e cantoras participam desse crime, fazendo propaganda de cerveja, sempre sorrindo, adoecendo e matando os jovens, arrasando as vidas de pais e de famílias, em troca de algumas moedas de ouro.

A mensagem que nossos jovens recebem desde criança em casa, nas festas familiares e na televisão, que nós permitimos que eles assistam livremente, é de que, onde houver festas e pessoas, é obrigatória a presença de bebidas alcoólicas. É inviável uma festa, uma comemoração, sem álcool. Nós embebedamos nossos filhos com nosso exemplo e conivência e depois choramos quando eles se tornam dependentes químicos.

As indústrias do álcool e da propaganda desempenham um papel extremamente cruel, daninho e irresponsável, eminentemente mercantilista, ao associar as bebidas alcoólicas a momentos gloriosos, à sexualidade e a ser brasileiro. O estímulo ao consumo de cerveja veiculado, maciçamente, através das propagandas na mídia em geral e através da promoção de eventos esportivos e culturais (*shows* de artistas populares, por exemplo), nos últimos anos, em nosso país, guarda relação direta com o aumento do consumo de cerveja, principalmente, pelos jovens.

Os fabricantes de cerveja no Brasil gastam cerca de R$ 1 bilhão de reais por ano em anúncios na mídia, e as inteligentes e criativas propagandas geralmente remetem ao público mais jovem, porque o maior consumidor de cerveja está na faixa etária dos 14 aos 29 anos. Não gastariam essa soma em publicidade se o retorno financeiro não fosse muito maior do que ele. Viciar os jovens? Não importa. Ficarem paraplégicos ou morrerem em acidente de carro? Não importa. Ferirem-se ou matarem-se nas bebedeiras? Não importa. Tornarem-se alcoolistas, necessitarem de tratamento psicológico ou médico ou internações? Não importa. Destruírem-se famílias, enveredarem pelo caminho das outras drogas, acabarem com a sua vida e a de outras pessoas? Não importa. Jovens talentosos para as artes, para os esportes e para outras habilidades não conseguirem realizar seus sonhos porque acreditavam que bebendo é que conseguiriam e, tarde demais, percebem que bebendo é que não conseguiram? Não importa. O que importa para os fabricantes de bebida alcoólica e para o seu pessoal do *marketing* é apenas dinheiro, a qualquer preço, de qualquer maneira, nem que seus próprios filhos viciem-se em álcool ou em outras drogas, nada é mais importante do que sua conta bancária, seu vinho ou seu uísque de boa safra, seus finais de semana em paraísos idílicos, suas casas luxuosas, seus carros importados. Isso é o importante, afinal de contas, bebe quem quer e quanto quer, e lá embaixo, bem pequeno, meio disfarçado, sempre está "Beba com moderação", que o governo, parceiro na hipocrisia, manda colocar.

Uma afirmação falsa é de que o vinho é benéfico à saúde, mas não é o vinho, que contém álcool, e sim a uva, que contém flavonoides. Então, em vez de vinho, basta tomar suco de uva ou comer uva.

As pessoas que utilizam bebidas alcoólicas, ao contrário do prometido sucesso pessoal, das vitórias nos esportes, nas relações afetivas e sexuais e na vida profissional, começam a desenvolver silenciosamente várias doenças, e começa a mudar a perspectiva, pois após alguns anos de festa e de diversão, de comemorações e de alegria, o sucesso e as conquistas mais frequentes são as doenças e as internações. As "festas", a "alegria", o "sucesso" e as "vitórias" passam a ser comemorados nas clínicas especializadas em desintoxicação e nos hospitais psiquiátricos pelos ingênuos e infelizes usuários, enquanto os fabricantes, os publicitários envolvidos e pessoas dos meios de comunicação estão em casa comemorando o aumento espetacular das vendas, a não ser que estejam eles mesmos internados ou algum filho ou parente seu.

Mais um pouquinho de Ambev, para quem estava com saudade... No *site* da Ambev, os Prêmios obtidos por ela em 2010:

1. Melhor empresa da década pelo prêmio "Destaque Agência Estado Empresas"

2. Valor Carreira 2010 – As Melhores na Gestão de Pessoa

3. *Você S/A – Exame* – "150 Melhores Empresas para Você Trabalhar"

4. *Época* – Great Place To Work

5. *Carta Capital* – "As Empresas mais Admiradas no Brasil"

6. *Revista Globo Rural* – "Melhores do Agronegócio 2010"

7. Troféu Transparência, 4º Prêmio Intangíveis Brasil

8. Prêmio Lide de Marketing Empresarial

9. 9º Prêmio "Empresa dos Sonhos dos Jovens"

10. Top of Mind Folha, Melhores da Dinheiro

11. 7º Prêmio Fiec de Desempenho Ambiental

12. Prêmio Topvale 2010, 27º Prêmio AGAS 2010

13. Prêmio Empreendedor José Paschoal Baggio

14. Além de vários prêmios internacionais.

Mas não quero ser injusto, a Ambev também realiza um trabalho de caridade. Veja abaixo:

Reformas de bares e restaurantes

"Valorizar os pontos de venda dos nossos parceiros. Esse é o objetivo do 'Antes e Depois – Renovar é fácil. É só querer', o programa de reformas de bares e restaurantes da Ambev. Os resultados são surpreendentes. Em pouco tempo, os estabelecimentos são remodelados e passam por uma verdadeira operação plástica. Levemente inspirado num reality show *da TV norte-americana, o programa promove intervenções nas instalações. As reformas atingem a fachada e o interior dos pontos de venda, que recebem pintura, luminosos, placas de parede e de banheiro, mosaico, cortina, pirulitos e adesivo de balcão, além de mesas e cadeiras com as marcas da Ambev: Brahma, Skol e Antarctica, entre outras. A nova roupagem dos*

bares atrai a atenção dos consumidores, incrementa o negócio e também melhora a autoestima dos funcionários, que agora podem trabalhar em um local completamente renovado."

Isso é certamente uma "obra de caridade", mas se atrair a atenção dos consumidores, incrementar o negócio, melhorar a autoestima dos funcionários, e as pessoas beberem mais, ficarem pela rua, buscarem outras drogas, chegarem em casa bêbadas (se chegarem...), agredirem os pais, ou a mulher e os filhos, no dia seguinte não conseguirem acordar, perderem aula, perderem o emprego, isso sim que vai ser um *reality show* de verdade!

Os fabricantes de cerveja são pessoas muito alegres e adoram oportunizar alegria para nós. Eles querem ver todo mundo feliz, adoram uma festa. Claro que se, durante ou após a festa, acontecerem acidentes ou incidentes, ou as milhares de crianças e de adolescentes presentes, assistindo e participando daquela festança toda, vendo seus irmãos mais velhos, seus pais e outros familiares bebendo e fumando, assistindo aos *shows* de artistas consagrados referendando aquilo tudo, as rádios irradiando tudo com muita alegria, as televisões presentes e transmitindo aquele belo acontecimento cultural, muitos políticos sorrindo, e, claro, também bebendo, resolverem que também irão beber e fumar, isso não é responsabilidade de quem fabricou, distribuiu, divulgou e incentivou a festa. Afinal de contas, tem a recomendação governamental bem pequenininha de "Beba com moderação", todo mundo sabe os prejuízos do excesso de bebida alcoólica, exagera quem quer, e tem as Cartilhas no *site* da Ambev de como os pais devem conversar com seus filhos sobre bebida alcoólica.

Vejam como o pessoal que fabrica e distribui bebidas fica alegre e contente com as festas, diga-se, com os resultados das vendas e com o aumento do alcoolismo:

Festas da cerveja. As celebrações das tradições alemãs no Brasil
"Os números de cada edição da Oktoberfest realizada em Munique são espetaculares! Quase 10 milhões de pessoas e um consumo de 7 milhões

de litros de cerveja! Mas não é preciso sair do Brasil para aproveitar uma festa tipicamente alemã. Inspirados no evento da Baviera, diversos municípios da Região Sul promovem festivais repletos de atrações folclóricas. E, claro, com muito chope e cerveja. A mais conhecida é a Oktoberfest de Blumenau, cidade catarinense colonizada há 160 anos por imigrantes germânicos. A primeira edição aconteceu em 1984. Hoje, a Oktober do Vale do Itajaí tem o status de segunda maior festa alemã do mundo, recebendo cerca de 700.000 visitantes atraídos pela cultura, culinária e muito chope.

Já a Oktoberfest de Santa Cruz do Sul, no Rio Grande do Sul, mobiliza cerca de 350 mil visitantes em dez dias.

Os dois eventos têm apoio do Chopp Brahma, que desenvolve uma série de ações para homenagear a cultura local. Entre elas, uma bela decoração temática e espaços exclusivos. Ações de incentivo ao consumo responsável também estão presentes."

Esses números são realmente espetaculares! Pena que não discriminam por faixa etária. Quantas crianças de 8 a 11 anos? E de 12 a 14 anos? De 15 e 16 anos? De 17 e 18 anos? Distribuem a Cartilha lá? Mas não sejamos excessivamente exigentes: o Chopp Brahma desenvolve uma série de ações para homenagear a cultura local e ações de incentivo ao consumo responsável, mas se essas pessoas beberem demais, certamente não ficarão tristes com isso... Eu preferia que nessas festas não houvesse bebida alcoólica à venda, mas eu sou um sonhador.

Bem, você que bebe, todos os dias ou quase, em todas as festas, aniversários, churrascos, comemorações, seus pais bebiam, seus filhos vão beber, seus netos vão beber, prepare-se:

1) Faça um bom Plano de Saúde e de Previdência Privada para quando seu corpo começar a mostrar as consequências disso ou se morrer antes em um acidente automobilístico ou por uma doença grave.

2) Prepare-se para a hipótese de seu filho exagerar na dose, enveredar por outras drogas, dizer que você também bebe, que não tem moral para mandá-lo parar, e talvez a Cartilha da Ambev, então, não consiga ajudá-lo.

Ou, então, faça como eu e milhares de pessoas no mundo que descobriram que foram induzidas a esse vício: não beba! É perfeitamente possível viver sem bebida alcoólica. Pare com a cerveja, pare com o vinho, pare com o uísque, pare com a cachaça, tome água, tome suco de frutas, respeite o seu Templo, feche sua boca, feche seus olhos, feche seus ouvidos, não se deixe enganar mais, dê o exemplo para seus filhos, para seus amigos e para seus parentes, certamente vários deles são alcoolistas e necessitam de um exemplo para parar e para salvar-se. Seja um verdadeiro espiritualista, cuide de si, cuide das outras pessoas, viva bastante tempo, não fique doente, não morra antes do tempo, não corra o risco de seu filho chorar por você ou você chorar por ele...

Onde estão a sua capacidade de discernimento, a sua opinião própria, a sua liberdade de dizer "Sim!" ou "Não!"? Você é um cordeiro, uma marionete, um Maria-vai-com-as-outras ou uma pessoa de personalidade, de atitude? Você é um perdedor ou um vencedor? Está cego, não está vendo o que estão fazendo conosco, rindo de nós, ganhando dinheiro com a nossa desgraça? Seja um indignado pacífico. Chega de ser manipulado, enganado.

Ou, então, continue achando que tudo isso é bobagem, que estamos exagerando, esses naturalistas, querendo que todo mundo pare de beber, pare de fumar, continue viciado, viciando seus filhos, permitindo que os viciem, que ganhem dinheiro com a sua desgraça. Como aquele beija-flor na floresta incendiando, eu estou aqui, fazendo a minha parte. Você pode fazer a sua. E aí seremos dois. E vamos somando. Um dia a bebida alcoólica desaparece do nosso planeta. Enquanto isso, um brinde ao Amor, com água ou com suco de frutas.

21. O CIGARRO

Escrevi sobre o cigarro em 2012, quando do livro *Como evoluir espiritualmente em um mundo de drogas,* por isso muitos dados estão agora defasados, pois eram daquela época. Mas o que importa é que, embora a propaganda do cigarro esteja bastante restrita atualmente, este capítulo mostra como o segmento do cigarro é mal-intencionado e visa, apenas, ao lucro financeiro, mesmo sabendo dos malefícios terríveis que causa a nós. Vamos a ele:

Até o final do século XIX, fumar cigarro era raridade. Em 1880, o norte-americano James A. Bonsack inventou uma máquina capaz de enrolar 200 cigarros por minuto, o que criou condições para o aparecimento da indústria. Então, veio a distribuição de cigarros aos soldados nas trincheiras, durante a Primeira Guerra, e seu uso, que se achava restrito às camadas marginais das sociedades norte-americana e europeia, disseminou-se. Em 1900, o consumo anual norte-americano era de cerca de 2 bilhões de cigarros; em 1930, chegou a 200 bilhões!

Uma das principais razões para esse "sucesso do cigarro", uma das duas drogas legalizadas, e para o tabagismo ser atualmente uma das mais importantes doenças no mundo é o fato de existirem grupos poderosos interessados em produzir e vender tabaco. Para isso, contam com o prestimoso auxílio de excelentes publicitários, sempre, e cada vez mais, criativos. Como no caso da bebida alcoólica, conseguiram convencer uma grande parcela da humanidade de que fumar é uma coisa normal e os governos, para "não se incomodarem", mantêm a legalização dessa droga. E assim como com a bebida alcoólica, conseguiram viciar várias gerações; só que, no caso do cigarro, numa estratégia conjunta com a indústria cinematográfica norte-americana.

No século XX, com o surgimento do cinema como meio de comunicação de massa, os estúdios foram alvo das campanhas de *marketing* da indústria tabagista e criaram a "glamourização do tabaco". Muitos galãs de Hollywood, a peso de ouro, venderam-se para enviar uma imagem parecida com a que ainda hoje é utilizada: eram belos, heroicos e fumavam! Alguém consegue imaginar o mito Humphrey Bogart sem o seu companheiro de solidão, o cigarro? Ao longo do clássico *Casablanca*, ele raramente é visto sem um cigarro. A indústria tabagista utilizou o cigarro como um "acessório" de imagem bem-sucedida e criou em seus anúncios um estilo de vida que reflete o sucesso, a beleza e o poder. Esse estigma persiste ainda hoje, no século XXI, e faz parte desta indústria da morte. Atualmente, em cada país, a publicidade adapta-se ao que pode convencer as pessoas de que fumar traz benefícios, e no Brasil são o futebol e as corridas de automóvel.

Os estúdios de cinema e os galãs de Hollywood das décadas de 1930 e 1940, como Cary Grant, Gary Cooper, John Wayne e Clark Gable, recebiam dinheiro dos fabricantes de cigarro para promover o produto. John Wayne, Gary Cooper e Humphrey Bogart morreram de câncer. De lá para cá, fumar tornou-se símbolo de "galã" (conquistador) e todos os homens queriam fumar e as mulheres queriam homens que fumassem para que fossem parecidos com os galãs do cinema norte-americano (até hoje, menos evidente, mais disfarçado, vemos nos cantinhos das telas, num relance, propagandas de cigarro e de bebida alcoólica).

Depois que a indústria cinematográfica viciou os homens, a estratégia da indústria tabagista foi de viciar as mulheres e começar a comprar as atrizes norte-americanas, que começaram então a fumar nos seus filmes e, com isso, conseguiram viciar também as mulheres, que queriam ser parecidas com elas, pois os homens queriam que elas fossem *sexy* como as atrizes, e essas fumavam (qualquer semelhança até hoje em vender coisas que as atrizes usam não é mera coincidência...).

A indústria tabagista conseguiu viciar os homens e as mulheres, como ainda faz, mas, atualmente, isso é feito de uma maneira ainda mais cruel, visando principalmente aos adolescentes, com estratégias tipo "Eu faço o que quero!", "Ninguém manda em mim!", com mensagens de masculinidade, de rebeldia, associando fumar ao sucesso e à liberdade, quando, na verdade, os nossos jovens deveriam é revoltar-se contra esse tipo de sacanagem e libertarem-se dessa caretice de segurar um símbolo fálico e levarem-no à boca, a não ser quem precise disso, mas aí é com Freud.

A indústria do cigarro é a responsável pelas propagandas mais malignas e cruéis jamais elaboradas, influenciando diretamente o nosso comportamento. Uma triste marca para a humanidade, ser tão influenciada por uma indústria que vende um produto que vicia e que mata lentamente os seus consumidores. Mas isso, como no caso dos fabricantes da bebida alcoólica, não causa nenhum problema de consciência nos produtores de fumo, nos distribuidores, nos divulgadores, nos promotores e nas pessoas que vendem a droga, pois, como no negócio da bebida alcoólica, o negócio do cigarro é ganhar dinheiro, com as mais diversas desculpas e mecanismos psicológicos de negação, para poder conciliar fazer essa maldade com milhões de pessoas e conseguir ser pai/mãe de família, ser frequentador de alguma religião, considerar-se uma pessoa de bem.

Na década de 1980, a propaganda de cigarros já sofria restrições na Europa e em países de outros continentes, sendo obrigatório que o produto trouxesse em sua embalagem um selo de alerta de que causava danos irreversíveis à saúde (como é atualmente também no Brasil), mas como, naquela época, ainda não existia essa imposição aqui, os fabricantes da droga sabiam dos danos e os governos também, mas o cigarro continuava a ser comercializado livremente, sem advertências, e promovido por campanhas publicitárias que fascinavam uma geração que, embriagada pelo *marketing*, sonhava com a virilidade selvagem do *cowboy* da Marlboro ou com os modelos elegantes e bem-sucedidos das campanhas da marca Hollywood. Os fabricantes de cigarro fazerem isso, aceita-se, afinal, produzir e vender esse veneno é o seu negócio, mas e os nossos "governantes"?

Vejamos algumas das estratégias que vêm sendo utilizadas para nos enganar. A Marlboro criou, em 1954, o Marlboro Man, personagem que fez parte das suas campanhas publicitárias até 1999. O personagem foi criado por John Landry, da agência Leo Burnett, como parte de uma campanha (Delivers the Goods on Flavor) de redirecionamento da marca, que na época era direcionada para o público feminino. O brilhantismo da campanha foi tanto que o cigarro Marlboro se tornou um ícone do mundo masculino. Os anúncios destacavam o homem em situações de impetuosa virilidade, explícita ou velada, domando cavalos belíssimos, atingindo o clímax e a volúpia final com a frase: "Terra de Marlboro, onde os homens se reúnem!", criando no mundo masculino a insinuação de que o homem que fumasse o cigarro seria macho e viril! Claro que os anúncios não mostravam as estatísticas médicas de que fumar pode provocar impotência sexual e câncer de próstata, além de outras centenas de doenças graves, mas isso deve ter sido um esquecimento dos publicitários ou os fabricantes da droga não lhes informaram esses pequenos detalhes.

Dois dos modelos que representaram a figura apoteótica do *cowboy* da Marlboro, Wayne McLaren e David McLean, morreram de câncer devido ao uso contínuo do cigarro. Wayne McLaren, no leito de morte, em 1992, aos 49 anos, pronunciou as suas últimas palavras: "Eu sou a prova morta de que o cigarro vai matar vocês!". As imagens do ex-*cowboy* agonizando foram vinculadas nas campanhas internacionais antitabagistas e em nada lembravam a virilidade do homem sobre o seu cavalo indomável...

No Brasil, a presença das marcas de cigarros na mídia criou palavras e expressões populares, como "A Lei de Gerson", para designar a malandragem em contraponto ao trabalho honesto e dedicado. Poucas pessoas lembram que essa expressão surgiu com o comercial do cigarro Vila Rica, em que um famoso jogador de então, em troca de muito dinheiro, ao acender e tragar um cigarro dessa marca, soltava o famoso bordão: "Gosto de levar vantagem em tudo, certo?". A indústria de bebida alcoólica ainda utiliza essa imagem de "levar vantagem" em seus comerciais daquela droga, insinuando que quem bebe é malandro, ganha as mulheres, faz sucesso...

Outros bordões de cigarros tornaram-se ícones do cenário nacional da propaganda, como o da campanha dos cigarros LS, na década de 1970, feita por um rapaz muito bonito, que era modelo: "O fino que satisfaz". Aliás, os publicitários que ajudam a vender essa droga gostam muito de utilizar jovens bonitos nas propagandas, de preferência famosos e vencedores, levando os demais a invejá-los e quererem ser como eles. Muitas pessoas acreditavam que essa alusão ao "fino" era insinuação a um baseado (cigarro de maconha), que na época da contracultura começava a adentrar na cultura jovem, rebelde e "livre". Não sei, mas de algumas pessoas da publicidade que vendem a sua alma por dinheiro pode-se esperar tudo.

E as propagandas de "cigarro para mulheres" daquela época, quando elas já tinham sido viciadas? Eram comerciais mais sensíveis, de forte apelo emotivo, do universo feminino, como os do Charm: "O importante é ter charme" e os do Ella: "Ela sou eu!". O "charme" começou, lembram, com o cinema norte-americano, aliado às companhias fabricantes de cigarro, vendendo essa imagem de que fumar é "elegante", é "*sexy*", é um sinal de "liberdade", e isso continua até hoje.

Mais que uma influência, os anúncios da marca Hollywood ditaram um estilo de vida que atingiu a juventude da década de 1980. Durante vários anos, as propagandas dessa marca de cigarro foram todas voltadas para o esporte radical. Traziam clipes que se tornaram *cult* de toda uma geração que viveu intensamente os anos 1980. Os adolescentes de então sonhavam em ser como os homens das propagandas dos cigarros Hollywood, e fumar, trazer na mão um cigarro, para estar na moda, para ser um homem vencedor.

Era comum ver as celebridades fumando durante entrevistas, atores das novelas da Globo fumando em pleno horário nobre. As campanhas publicitárias de cigarro foram banidas da mídia por meio de uma lei federal, mas mesmo assim as marcas de cigarros continuaram a vincular o seu produto camufladamente na produção de espetáculos culturais como o Free Jazz Festival e nas corridas de Fórmula 1, com propagandas nos carros, nos capacetes e nas roupas dos pilotos.

Acho interessante, para não dizer inacreditável, que a indústria tabagista seja considerada e tratada como uma indústria de um produto qualquer, quando é uma indústria que produz um veneno que adoece e mata milhões de pessoas! Se eu fosse político, nunca participaria de nenhum evento de "comemoração" da inauguração de mais uma fábrica de cigarro ou patrocinado por essa indústria, mas vemos nos jornais e nas televisões, de vez em quando, uma verdadeira festa comemorativa quando abrem mais uma fábrica de cigarro em uma certa cidade ou estado, com políticos, com artistas, com pessoas famosas, comemorando. Mas estão comemorando o quê? O aumento da matança?

Neste ano de 2011, a indústria tabagista está preocupada com a perda da competitividade do tabaco brasileiro no mercado externo, e a mídia comenta isso, aborda esse assunto, como se estivessem falando de arroz, de feijão, de milho, de trigo, enfim, de alimentos, ou de produtos benéficos para as pessoas, coisas que vão enriquecer nossa vida, nos trazer prazer, saúde, crescimento, mas estão preocupados com a competitividade do tabaco, que produz cigarros, que todos os governos alertam que é droga, que proíbem de fumar na frente de crianças, de fumar em lugares fechados, sendo cada vez menos permitido fumar em qualquer lugar, algo que já devia ter sido erradicado da face da Terra, mas que continua sendo produzido e vendido, para nossa vergonha e incredulidade!

Um diretor regional financeiro, ou seja, de números, da Alliance One Brasil afirma: "À medida que a moeda local se valoriza, a empresa se torna menos competitiva e isso reflete negativamente nas exportações". Que horror, a empresa está sendo prejudicada... Uma empresa que lida com uma droga, um "produto" que apenas prejudica, está sendo prejudicada... Mas já deveria ter sido fechada há muito tempo, como todas as outras que fabricam, que comercializam e que vendem cigarros, se houvesse um mínimo de coerência nos nossos governos, todos eles, de todos os partidos.

Um diretor da Souza Cruz está preocupado: "... e todo um trabalho de qualidade desenvolvido vai por água abaixo face a uma taxa cambial desfavorável...". Trabalho de qualidade? Mas que qualidade? Melhores cigarros? Embalagens mais atrativas? Publicidades mais enganosas?

E um outro diretor afirma: "A situação é muito difícil. O Brasil conseguiu chegar ao posto de maior exportador mundial porque tinha, além de qualidade e de volume, preço competitivo, mas atualmente...". Meu Deus, isso deve ser um pecado!

Outra preocupação do setor tabagista brasileiro é que outros países estão – que horror! – aumentando a sua produção de cigarros! Dizem que temos de fazer alguma coisa, pois o continente africano está nos alcançando, o Zimbábue ampliou em 108,5% a sua produção, passando de 59.000 toneladas para 123.000 toneladas de tabaco, a Tanzânia aumentou em 54,2%... Em breve, poderemos ser alcançados e ultrapassados por esses países africanos, que vergonha! E outro diretor está muito preocupado: "... e o Brasil começou a importar fumo".

A Souza Cruz tem 38.000 agricultores produzindo tabaco, sendo 19.000 no meu estado, o Rio Grande do Sul. Meu Deus! Pessoas boas, honestas, pais e mães de família, católicos, evangélicos, espíritas e de outras religiões, que rezam, que acreditam em Jesus, que vão a suas igrejas, aos seus templos, que se ajoelham, que reverenciam a Deus, que saem de manhã de suas casas para plantar e para cuidar de tabaco! Plantam, cuidam, protegem, zelam por uma planta que vai ser usada para adoecer e para matar seus irmãos e irmãs, se não a si mesmos, seus familiares, seus filhos, seus netos. Por que não dizem "Não!"? Por que não plantam alimentos?

O Brasil é o segundo maior produtor de tabaco no mundo, com 778.822 toneladas anualmente, atrás apenas da China, e isso é motivo de orgulho ou de vergonha? Desde 1993, o Brasil é o líder mundial em exportação de tabaco. Cerca de 85% do tabaco brasileiro tem como destino o mercado mundial, ou seja, somos exportadores da morte. Um jornalista escreve: "E, simpatizemos ou não com esse produto (cigarro), o fechamento de fumageiras acarretaria a extinção de milhares de empregos e um problemão para milhares de famílias de pequenos agricultores que vivem da planta. Para esses, o governo, que apoia formalmente a redução do consumo de tabaco nas convenções internacionais, ainda não oferece uma alternativa de cultivo economicamente mais vantajosa".

Na verdade, nenhum governo ainda teve a coragem de fazer o que já deveria ter sido feito há muito tempo: proibir a plantação de tabaco, mesmo para exportação, e a fabricação de cigarro, e a implementação de uma ação no sentido de os produtores de tabaco começarem a plantar alimentos e de as fábricas de cigarro produzirem produtos benéficos.

O poder da indústria tabagista (o poder do dinheiro) domina grande parte do planeta. É uma indústria enraizada em todos os meios de comunicação, diretamente ou de forma implícita. Pelo *glamour* das suas propagandas, divulga um produto que causa câncer e traz a morte. Em 1997, os sindicatos de atores, de diretores e de produtores de cinema de Hollywood entraram na Justiça contra as indústrias de cigarro, pedindo indenização pelos prejuízos causados a todos os trabalhadores da poderosa indústria cinematográfica norte-americana. A utilização do cinema como influência para a juventude começar a fumar pode ser constatada por uma revelação recente de que o ator Sylvester Stallone recebera, em 1983, 500 mil dólares da indústria de cigarro Brown & Williamson, para fumar cigarros da empresa em, pelo menos, cinco de seus filmes. Vejam só, o Rambo, sempre combatendo o mal, aderiu a ele.

Os anúncios de cigarro são "aulas de *marketing*". Vejamos: os homens, em sua tradicional vocação para acasalar, precisam de uma companhia feminina, de preferência, muito linda. O que as imagens das propagandas de cigarro passaram, então, por décadas: "Fumem o nosso cigarrinho e vocês ficam poderosos!". Como faziam isso? Colocavam uma mulher linda acendendo o cigarro de um homem, de preferência, fazendo beicinho. As campanhas publicitárias sempre têm como base o desejo. As mensagens são com algo que gostaríamos de ter ou de ser e os publicitários tentam fazer com que o produto que eles queiram vender dê a impressão de que, uma vez possuindo-o, o sonho se tornará realidade.

No início do século XX, o objetivo da indústria tabagista era vender cigarros apenas para os homens. Portanto, a imagem da mulher era utilizada por ser o maior objeto do desejo masculino. Naquela época não havia televisão, nem *outdoors*. Então, além de algumas poucas revistas e jornais, os próprios maços de cigarro eram o grande chamariz. Eis aqui alguns exemplos da criatividade do *marketing* do início do século passado. Ainda na fase "Cigarro é coisa de homem", havia os cigarros Columbia, os primeiros maços embalados em papel celofane e os mais caros do mercado na época. O desenho no maço era um navio de guerra com canhões singrando num mar revolto (guerra = vitória, canhões = pênis, mar revolto = aventura). Havia também os cigarros Jockey Club e Turfe Club, explorando a paixão que muitos tinham pelas corridas de cavalo. Já os maços de cigarros Fulgor tinham até cheques de cinquenta mil-réis dentro deles, para alguns "felizardos". Existiam uns maços artesanais que podiam vir com o nome do fumante estilizado, eram maços personalizados. Essa forma de atrair os incautos, usando imagens femininas e outras que atraíam o universo masculino, foi pouco a pouco se modificando.

A partir de determinado momento, especialmente no pós-Segunda Guerra Mundial, no início da década de 1950, com os homens já viciados, as mulheres passaram a interessar às indústrias do fumo, não mais apenas como inspiração para as vendas, mas como consumidoras. A partir dessa época, começaram a chegar ao Brasil os cigarros importados, sendo o primeiro deles o Camel (com a figura do camelo), vindo logo após o Chesterfield e o Pall Mall. O mercado de cigarros brasileiro foi perdendo a sua identificação com a nossa língua natal, passando a adotar a da nação dominante, os Estados Unidos. Certamente, passaram a achar ridícula a possibilidade de manter-se denominações tão terceiro-mundistas como Favoritos, Elite, Salomé ou Veado. Surgiram: Charm, Carlton, Free, Hollywood, Ritz, Hilton, Plaza, Derby, Minister, Belmont, Chanceller, Galaxy, Parliament, Dallas, Capri, Palace, Lark, Mustang etc. Nos dias atuais, a dominação norte-americana está cada vez mais sofisticada: *slims*, *ultralights*, *box*, *flip top* etc.

Então, depois de viciar os homens, para viciar as mulheres, o *marketing* do cigarro iniciou uma nova fase: "Cigarro é coisa para homem e para mulher". Aí, os anúncios passaram a destacar um tipo de mensagem que atingia o Inconsciente tanto masculino quanto feminino. Os homens continuando a se ligar no macho, identificando-se nele, querendo ser como ele, e as mulheres desejando esse tipo de masculinidade, para protegê-las e para gerarem filhos fortes e saudáveis. No imaginário dos homens daquela época, quem fumasse tal marca se tornaria um herói belo e corajoso, e, no caso das mulheres, fumar aquela marca certamente garantiria um companheiro com aquelas características.

A evolução dos tempos, com as correspondentes mudanças nos mais variados campos do conhecimento humano, foram sofisticando a agudeza da publicidade em estar em sintonia perfeita com os desejos, ocultos ou não, da massa das pessoas. Apesar do correr do século, os desejos não se alteraram muito: carros bonitos, mulheres bonitas (agora acompanhadas de homens igualmente bonitos), ambientes luxuosos etc. A década de 1970 trouxe uma tendência mais clara no Brasil, a de atingir-se um público mais jovem, com campanhas de grande apelo para a audácia, para a coragem e para as vitórias esportivas.

Nessa época, os carros da Lotus eram de cor preta – a cor do maço dos cigarros John Player Special –, depois, a Lotus mudou seus carros para a cor amarela, já que o patrocinador mudara, passara a ser o cigarro Camel. Para a escuderia Lotus, pouco importava ter uma tradição na cor de seus carros, quem mandava era a indústria de cigarro. Esse filão das provas de velocidade continua sendo explorado até os dias atuais. A Fórmula 1 tem nos fabricantes de cigarros o seu principal patrocinador.

No final da década de 1990, Max Mosley, presidente da Federação Internacional de Automobilismo (FIA), declarou à imprensa internacional que, se a pressão da União Europeia continuasse tentando impedir a propaganda de cigarros, e como a indústria do cigarro é a maior patrocinadora da Fórmula 1, ele transferiria as provas europeias para a Ásia. Não importa envenenar pessoas, adoecê-las, fazê-las ter câncer, ter infarto, matá-las, o que importa é o patrocínio das companhias de cigarro. E os pilotos de corrida? Considerados heróis, levam nos seus macacões e nos seus carros as marcas desses venenos. E o povo? Acorda de madrugada para ver as corridas e comemorar as vitórias, fumando e adoecendo e morrendo pelo cigarro. E dando esse exemplo para seus filhos. É uma demonstração de como os fabricantes de drogas e algumas agências de publicidade conseguem enganar tantas pessoas por tanto tempo. Mas, aos poucos, estamos acordando desse pesadelo e enxergando melhor o que se esconde por trás disso tudo.

Uma das finalidades deste livro é deixar os fumantes tão, mas tão indignados, que parem de fumar. Você que é fumante, já está superindignado e vai parar de fumar? Sim? Parabéns, agora você é "Free" (livre). Ainda não? Continuemos, eu não desisto de tentar convencê-lo. E os agricultores cristãos, vão continuar sendo os mercadores do Templo? Lembram que Jesus expulsou os mercadores porque vendiam produtos em um local sagrado? Conhecem algum local mais sagrado do que a Terra, do que o nosso corpo? Como se sentirão quando morrerem e forem conversar com Deus e Ele lhes perguntar por que plantavam veneno para matar Seus filhos? Acreditam que Ele se comoverá com a explicação de que era mais rentável? Perguntará se não sabiam o que estavam fazendo... O que dirão? Que não sabiam?

Enquanto muitas pessoas já conseguem enxergar isso e dizem "Não!" para esse crime, pesquisas realizadas na Europa mostram uma incidência significativamente maior de adolescentes fumantes entre os adeptos da Fórmula 1 do que entre os que não acompanham as corridas. Por que a indústria de cigarros aplicaria 500 milhões de dólares por ano em publicidade, se esse esforço não tivesse um retorno garantido? Essa indústria não está pensando no esporte, ela usa esses palcos apenas para ganhar dinheiro. E os jornais divulgam, as televisões transmitem, afirmam ser contra o cigarro e contra a propaganda de cigarro, mas compactuam com isso. É o dinheiro.

A inteligência (não a moral) dos publicitários envolvidos nessas atitudes criminosas é grande, e eles sabem que um dos principais desejos da humanidade é o poder, e este é representado pela potência e pela virilidade. A capacidade de gerar filhos, de engravidar a fêmea, seria uma dessas potencialidades. O doutor em comunicação pela Universidade de São Paulo, Flávio Calazans, autor do livro *Propaganda subliminar multimídia*, chama a atenção para o fato de, no maço de Camel, haver a imagem de um dromedário e não de um camelo. Seria absolutamente impossível que os responsáveis pelo desenho do Camel desconhecessem que um camelo tem duas corcovas. Já a imagem utilizada daria a entender uma camela grávida, portanto, uma imagem diretamente direcionada para os nossos inconscientes: "Fume Camel e torne-se potente!". Quando lançado, o público-alvo do Camel eram os homens de 50 anos. Que interessante...

O que os Mentores Espirituais desses publicitários pensam deles? E como eles lidarão com a sua Consciência quando, desencarnados, chegarem ao Plano Astral, e forem informados que sua inteligência serviu para adoecer e para matar milhares de pessoas, mais do que várias guerras? Como estará seu Karma?

Esse especialista em comunicação questiona também por que as letras L e B, do maço de Marlboro, apesar de minúsculas, são maiores que o M, maiúsculo. Será que os idealizadores de uma das logomarcas mais famosas do mundo não saberiam escrever? É mais uma artimanha, pois, juntas, as letras L e B evocam a imagem de um pênis. O falo (pênis) funciona como um símbolo de poder, tal como uma espada. (Vou fazer um pouco de Yoga, meditar, e já volto...)

No Brasil, a marca que mais buscou a identificação com o público jovem foi a Hollywood. Para manter uma liderança e uma penetração entre os jovens, emergiu como a grande benfeitora do Rock, patrocinando por longos anos o maior evento nacional regular de Rock, o Hollywood Rock, além de manter um patrocínio semanal na televisão, que também levava o nome de Hollywood Rock. A marca no início prometia o sucesso, depois, com a profusão de informações a respeito dos males do fumo, passou a não dizer mais nada. Seus anúncios passaram a ter apenas impacto visual, sem nenhuma mensagem verbal, exceto em músicas, porém, como a maioria não entendia as palavras que estavam sendo cantadas, o que valia mesmo era o ambiente criado. À beleza das imagens, produzidas na maioria das vezes no exterior, associavam-se sempre os esportes. Com uma característica básica: vanguardismos. Quando ainda não se conhecia asa-delta por estas paragens, já usavam lindas imagens de voos de asa-delta, e assim foi com parapentes, *jet-skis*, grandes corridas de bugres no deserto, *windsurf*, patins etc.

A poluição visual das cidades brasileiras pela marca Hollywood foi impressionante, principalmente se levarmos em conta que o que estava sendo anunciado era um produto que causa milhares de doenças, mortes e dependência física e psíquica! Inicialmente, eram *outdoors* simples, mas depois passou-se, com o avanço tecnológico, a *outdoors* iluminados, novamente sem qualquer mensagem escrita, apenas a visual. A marca passou a ser perfeitamente identificada por onde passássemos, a qualquer hora do dia e da noite. Era comum chegar-se em um clube ou em um condomínio e encontrar-se, em todas as barracas que rodeavam as piscinas, a marca Hollywood. Era um *marketing* agressivo, pesado mesmo, porém os lucros justificam os gastos.

Em 1998, a Souza Cruz (leia-se Hollywood) produzia a campanha de publicidade mais cara já feita no Brasil, com imagens nas geleiras da Antártica, em dunas na Namíbia e no Grand Canyon no estado do Arizona (EUA). Tudo isso fazia parte de uma campanha que ajudaria a vender algo que, em duas décadas, estaria matando 10 milhões de pessoas por ano no mundo!

O *marketing* que antes propunha o "Sucesso", para seduzir ainda mais os futuros fumantes, passou a dizer "No Limits", ou seja, enquanto os movimentos antitabagismo alertavam para as doenças e para as mortes precoces provocadas pelo tabaco, a campanha do Hollywood passou a seduzir os jovens com a ideia falsa de liberdade, de potência e de conquistas sem limites. Na verdade, o tabagismo traz imensos limites: limites à capacidade respiratória, limites à potência sexual, limites ao tempo de vida, limites ao funcionamento do coração e de outros músculos, limites ao paladar e ao olfato, limites à gravidez, limites à inteligência, enfim, limites é que não faltam em relação ao tabagismo. A dependência provocada pela nicotina, para a maioria dos que entram em contato com a droga, é que, infelizmente, costuma não ter limite.

Outras marcas preferem atuar junto a outros públicos; por exemplo, há aquela que apregoa "ter algo em comum conosco...". São os cigarros Free, que vendem a ilusão de que se trata de um fumo saudável. Como faz um discurso supostamente mais inteligente, criou para veiculação da sua marca o patrocínio de um festival, o Free Jazz, um festival de jazz, entendendo esse gênero musical como sendo mais elaborado.

Os cigarros Free sempre têm mensagem de duplo sentido: o importante é termos algo em comum, cada um na sua, cada um com seu estilo etc. Uma empresa produz um produto que faz mal e depois lança outro que faria menos mal, porém continua vendendo o primeiro... Cada um com seu estilo quer dizer que alguém pode preferir fumar um "baixo teor", enquanto outro pode escolher um "alto teor". A indústria passa a mensagem de que intolerantes são aqueles que não aceitam a existência dos fumantes... Se um sexto dos terráqueos fuma, para a indústria não há qualquer problema no fato de que existam aqueles que não fumem. Manter essa taxa já seria algo bastante promissor. Mas aumentá-la é a meta, esse é o "sucesso". Um grande número de artistas se recusa a vir ao Brasil quando sabe que seu *show* seria patrocinado pela indústria do cigarro. Muitos vêm, entretanto, para um Free Jazz, sem saberem que quem patrocina o evento é uma empresa de cigarros.

Mas não para por aí a presença das fábricas de cigarros na vida cultural brasileira. Por exemplo, um dos raros festivais de dança do país era patrocinado pelos cigarros Carlton: o Carlton Dance Festival. O que a dança tem a ver com cigarro? Dança é alegria, é leveza, é saúde. Cigarro é droga, é doença, é morte. Esses mesmos cigarros patrocinam, num dos horários nobres da televisão, o Carlton Cine, um programa semanal de exibição de filmes. Como os cigarros Carlton são uns dos mais caros do país, não têm os adolescentes como principais alvos, eles visam a um público mais abonado, e, então, as suas campanhas publicitárias são mais sutis e exibem mensagens extremamente elaboradas, que buscam alcançar uma comunicação com esse público-alvo.

Os empresários do fumo, que contribuem para a morte de 5 milhões de pessoas por ano, há muitos anos eram obrigados a mostrar imagens de doenças nos maços de cigarros em vários países, mas aqui no Brasil, onde isso ainda não era exigido, lançavam maços de cigarro sem nenhuma advertência, num deboche completo. Apenas quando isso foi exigido, passaram a colocar. Sabem que o cigarro é um veneno, e produzem, e vendem, e não estão nem aí. O que importa é o dinheiro.

Para fazer uma comparação: o ataque que atingiu as torres do World Trade Center, em Nova York, matou 2.939 pessoas, enquanto o fumo nos EUA mata o mesmo número de pessoas a cada dois dias há décadas! E enquanto o presidente norte-americano George W. Bush convocava uma guerra sem tréguas ao "terrorismo", como resposta ao ataque, assim que foi eleito presidente, trouxe como um de seus assessores de maior confiança o principal lobista da indústria do tabaco!

Aliás, o ataque às Torres Gêmeas foi o único ataque que os Estados Unidos sofreu, depois de décadas de ataques seus a inúmeros países, de inúmeras "torres" destruídas, o número de pessoas que morreram nesse ataque "terrorista" é infinitamente menor do que o número de pessoas mortas pelos milhares de ataques norte-americanos a inúmeros países há décadas, mas aí não são ataques terroristas, são para derrubar ditadores, implantar a democracia... E existe uma grande suspeita de que isso tenha sido arquitetado pela própria CIA, para justificar a invasão do Iraque. O dia 11 de setembro deveria ser o dia para acabar com a hipocrisia, mas é o dia para lamentar um ataque "terrorista". Bem, esse é outro assunto, voltemos à droga lícita: o cigarro.

Voltando no tempo. A partir da década de 1930, a expansão do cinema norte-americano e a sua estratégia para viciar em cigarro inicialmente os homens e, depois, as mulheres criaram as condições para que a epidemia do fumo se espalhasse pelo mundo, e, se antes as mulheres não fumavam, pois apenas os homens haviam sido viciados, graças a essa brilhante estratégia, hoje há mais de 250 milhões de mulheres fumantes no mundo! Ou seja, viciaram os homens, viciaram as mulheres, estão cada vez mais viciando os jovens e as crianças, e os governos permitem a sua fabricação, a sua divulgação e a sua venda, usando tímidas advertências de que "Fumar é perigoso...", "Não fume na presença de crianças...", "Cigarro é droga..." etc. Se é perigoso, se é droga, se provoca doenças, se mata, por que permitem a sua fabricação e a sua venda?

O resultado disso tudo é que o tabagismo é apontado como a principal causa de morte evitável em todo o mundo, e só no Brasil são cerca de 200 mil óbitos por ano em consequência de doenças relacionadas ao tabaco! Quase mil pessoas por dia!

Poucas pessoas sabem que a fumaça do cigarro tem 4.700 substâncias químicas, sendo que cerca de 60 delas são cancerígenas, logo, é fácil explicar a incidência 20 vezes maior de câncer de pulmão em fumantes do que em não fumantes. E o tabaco também é um dos principais responsáveis por outros tipos de câncer, como o de boca, o de laringe, o de bexiga e o de mama. O fumante também tende a desenvolver doença pulmonar obstrutiva crônica (DPOC), que é um misto de bronquite crônica com enfisema pulmonar. A pessoa que sofre desse mal tem constante falta de ar, aquela tossezinha crônica, catarro frequente de cor amarelada ou esverdeada e dificuldade para falar. Tudo isso é ocasionado porque o indivíduo não consegue captar oxigênio em quantidade suficiente, já que seus pulmões foram corroídos pela fumaça do cigarro. Em estágio avançado, o paciente pode necessitar ficar conectado a um balão de oxigênio para efetuar as atividades cotidianas.

No sistema cardiovascular, os efeitos do cigarro podem ser ainda mais devastadores. Pesquisas mostram que o fumo acelera o processo de envelhecimento dos vasos arteriais, contribuindo para o seu endurecimento e entupimento. A consequência é a diminuição da passagem de sangue para os tecidos e para as células de todo o organismo. Para piorar o quadro, a nicotina, a substância no cigarro que causa dependência, age como um vasoconstritor, ou seja, fecha os vasos, reduzindo a oferta de oxigênio para as células. Com isso, a pessoa fica mais predisposta a um infarto ou a um derrame cerebral.

Já as mulheres fumantes precisam ficar atentas a mais um fator agravante. O fumo, durante a gestação, aumenta as chances de descolamento da placenta, de aborto espontâneo, de baixo peso do recém-nascido, de prematuridade e de risco de morte do feto durante o parto ou após o nascimento. Além da saúde, o fumo também compromete a beleza. Em virtude da queda no suprimento sanguíneo para a pele, acontecem alterações nos tecidos cutâneos que ocasionam rugas mais profundas e intensas do que as causadas pelo sol. Isso sem falar que a tez fica áspera e seca. Ou seja, a pessoa pode aparentar ter muitos anos a mais do que sua idade real. Os fumantes também produzem menos colágeno e elastina, acentuando a flacidez. O biquinho que a pessoa faz para tragar favorece o aparecimento de rugas em torno dos lábios. Para completar, o cigarro pode causar manchas escuras nos dentes, problemas nas gengivas e mau hálito (uma moça um dia me disse que não gostava de beijar seu namorado porque ele tinha cheiro de cinzeiro na boca...).

Graças às campanhas de publicidade do cigarro, cada vez mais sutis, mais disfarçadas, sob o beneplácito dos governos, o número de jovens que experimentam o cigarro vem crescendo e, de acordo com um trabalho realizado de 1993 a 1997 pelo Centro Brasileiro de Informações sobre Drogas Psicotrópicas, da Universidade Federal de São Paulo, o percentual de adolescentes de 13 a 15 anos que já haviam fumado algum cigarro na vida subiu de 24% para 32%. As respostas encontradas nos questionários mostram que o cigarro está associado ao processo de formação da identidade desses jovens. Alguns fumam por curiosidade, outros por acreditar que o tabaco não pode fazer tanto mal assim. Em qualquer um dos casos, é um ritual de entrada na adolescência, um ritual, claro, criado e incentivado. Adolescentes fumantes dão as primeiras tragadas com amigos, passam a fumar à noite, durante festas, e em poucos meses estão comprando um maço na padaria ou no bar. Sempre acreditando que fumar é um ato de rebeldia, de independência, de mostrar que manda em si, quando, na verdade, é um ato de submissão, de colocar-se sob o comando da indústria tabagista e de suas agências de publicidade.

De vez em quando, vemos mulheres grávidas fumando, sinto pena delas e dos Espíritos reencarnantes que estão dentro delas. Fumar durante a gravidez traz sérios riscos e elas sabem disso: abortos espontâneos, nascimentos prematuros, bebês de baixo peso, mortes fetais, mortes súbitas em recém-nascidos, complicações placentárias, hemorragias, são ocorrências mais frequentes em grávidas fumantes. Os fabricantes de cigarro sabem disso. A gestante que fuma apresenta mais complicações durante o parto e tem o dobro de chances de ter um bebê de menor peso e de menor comprimento, comparando-se com a grávida que não fuma. Tais agravos são devidos, principalmente, aos efeitos do monóxido de carbono e da nicotina exercidos sobre o feto, após a absorção pelo organismo materno. Um único cigarro fumado por uma gestante é capaz de acelerar, em poucos minutos, os batimentos cardíacos do feto, devido ao efeito da nicotina no seu aparelho cardiovascular. Assim, é fácil imaginar a extensão dos danos causados ao feto, com o uso regular de cigarros pela gestante. E os nossos "governantes" sabem disso.

Algumas mães fumam durante a amamentação. Elas não sabem que a nicotina passa pelo leite e é absorvida pela criança? O nenê sofre imediatamente os efeitos do cigarro, havendo registro de intoxicações em filhos de mães fumantes de 20 ou mais cigarros por dia atribuíveis à nicotina: agitação, taquicardia, vômitos e diarreia. Em recém-nascidos filhos de mães fumantes de 40 a 60 cigarros por dia, observaram-se acidentes mais graves, como palidez, cianose, taquicardia e crises de parada respiratória, logo após a mamada.

Estudos mostram que filhos de mães que fumaram dez ou mais cigarros por dia durante a gestação apresentam atraso no aprendizado quando comparados a outras crianças, atraso para a habilidade geral, para a leitura e para a matemática. Isso não é um crime? E os fabricantes sabem, os nossos "governantes" sabem! Vou levantar, dar uma voltinha, tomar uma água e já volto.

Continuando... Meu Deus, nem precisaria estar aqui escrevendo essas coisas, bastava não existirem mais fábricas de cigarro. Mas elas existem. Então, pais e mães que fumam, sabiam que há uma maior prevalência de problemas respiratórios (bronquite, pneumonia, bronquiolite) em crianças de zero a um ano de idade que vivem com fumantes, em relação àquelas cujos familiares não fumam? Observa-se que, quanto maior o número de fumantes no domicílio, maior o percentual de infecções respiratórias, chegando a 50% nas crianças que vivem com mais de dois fumantes em casa. É, portanto, fundamental que os adultos não fumem em locais onde haja crianças, para que não as transformem em fumantes passivos.

Você está grávida e fuma? Coloque-se no lugar do seu nenezinho lá dentro de você. Imagine seus pulmõezinhos, a cara de nojo que ele faz quando você fuma, o exemplo que está dando a ele e que ficará dentro do seu Inconsciente. Um dia, ele poderá fumar, usar drogas... Já pensou nisso? E você está amamentando e fuma? Seu nenê está fumando e sendo viciado, como a viciaram. Você quer isso? E você, o pai do nenê, pensa que ele não o está vendo? Sabia que o Espírito do nenê dentro da barriga da mãe sai do corpo, circula pela casa, vê e sente o que estão fazendo, lê os nossos pensamentos, e tudo isso fica dentro do seu Inconsciente, e um dia virá à tona, como imitação, como rebeldia, como cobrança? Imagine seu filho que está dentro do útero ou que já nasceu vendo você fumar – Você é o herói dele! – e todos nós costumamos imitar nossos heróis. Um dia, ele dirá: "Coitado do papai..." ou "Quero ser como o papai!". Qual das duas hipóteses acima você prefere? Nenhuma? Então, diga "Não!".

O que podemos dizer é que os fabricantes de cigarro, o cinema norte-americano, alguns setores da mídia e algumas agências de publicidade aparentemente venceram: existe 1,1 bilhão de fumantes no mundo consumindo cerca de 6 trilhões de cigarros por ano. Mas nós não vamos nos entregar, isso um dia vai acabar!

No Brasil existem 30 milhões de fumantes. Cerca de 3 milhões de pessoas morrem a cada ano em todo o mundo em decorrência de doenças associadas ao fumo! No Brasil morrem 200 mil pessoas por ano de doenças relacionadas diretamente ao fumo. São dezenas de pessoas por hora! Dos 35 aos 69 anos, um terço das mortes no mundo é relacionado ao fumo, que rouba em média de sete a dez anos de vida dos fumantes. Cerca de 90% dos casos de câncer de pulmão estão associados ao fumo. Cerca de 85% das doenças pulmonares obstrutivas (enfisema e bronquite) são devidos ao cigarro. Cerca de 50% das doenças cardiovasculares devem-se ao uso dessa droga. A probabilidade dos fumantes se tornarem sexualmente impotentes é duas vezes maior do que nos homens que não fumam. Que sucesso... Cada um na sua... Eu sou livre, faço o que quero, ninguém manda em mim... Ninguém?

Das 4.720 substâncias contidas no cigarro, cerca de 60 a 70 são cancerígenas! O fumante passivo tem um risco 30% maior de morrer por doença cardiovascular ou câncer de pulmão do que quem não está exposto diariamente à fumaça dos cigarros. Nas fumantes, a menopausa se antecipa cerca de cinco anos. A quantidade de nicotina de apenas um cigarro é suficiente para matar uma pessoa se for injetada na veia! Os teores de nicotina nos cigarros brasileiros são de duas a três vezes mais do que o necessário para gerar dependência...

Vai parar de fumar? Ainda não? Que teimosia... Continuemos. Os números internacionais informam que o consumo do cigarro está caindo nos países do hemisfério norte, a uma proporção de 1,5% ao ano, e subindo, na mesma proporção, no hemisfério sul, onde está sendo intensificada a propaganda. Ou seja, se lá as pessoas estão parando de fumar, o negócio é intensificar a propaganda aqui. O total de mortes devido ao uso do tabaco já atingiu a cifra de 5 milhões de mortes anuais, o que corresponde a mais de 10 mil mortes por dia! A Organização Mundial de Saúde estima que, em 2020, morrerão 10 milhões de pessoas devido ao uso do cigarro! O tabagismo é considerado pela Organização Mundial da Saúde a segunda maior causa de mortes no mundo!

Os fabricantes de cigarros dos Estados Unidos reconheceram recentemente os riscos causados pelo fumo à saúde, para escapar de uma ação de US$ 280 bilhões movida contra a indústria do tabaco pelo governo norte-americano. Os produtores são acusados de formação de quadrilha, de terem escondido durante anos as provas sobre os riscos inerentes ao fumo, de terem seduzido deliberadamente jovens e crianças com anúncios para transformá-los em viciados, e de sempre terem mentido, sugerindo que os cigarros *light* são menos nocivos.

Simbolicamente, fumar é uma cegueira, mas, literalmente, as chances de um fumante ficar cego com a idade são quatro vezes maiores do que as de pessoas que não fumam, de acordo com estudo de pesquisadores da Universidade de Manchester. Em artigo publicado no *British Medical Journal,* os cientistas afirmam que os cigarros aumentam as chances de desenvolvimento da degeneração macular relacionada à idade. Atualmente, os maços de cigarro já são vendidos com diversas advertências sobre os possíveis efeitos nocivos do fumo e, agora, os pesquisadores da Universidade de Manchester querem que o risco de cegueira seja incluído na lista de doenças relacionadas ao consumo de cigarros.

As propagandas associam fumar com potência, com conquistas heroicas, mas um relatório da Associação Médica Britânica informa que fumar é uma das maiores causas da impotência masculina! E para as mulheres que fumam, o fumo é uma das grandes causas de aborto, é responsável por redução da fertilização e por uma grande porcentagem dos casos de câncer uterino.

Embora a preocupação da Ambev com as nossas crianças e com os nossos adolescentes, uma pesquisa mostrou que 79% dos jovens veem cigarros quando vão à padaria, 70% dos jovens veem cigarros quando vão ao supermercado, 37% dos jovens veem cigarros quando vão à banca de jornal, 58% dos jovens que frequentam bares veem cigarros sendo vendidos nesses locais, 38% dos jovens que frequentam lojas de conveniência veem cigarros à venda e 71% dos jovens concordam que essa exposição influencia o consumo, e acreditam que pessoas de sua idade podem sentir vontade de fumar ao ver os cigarros expostos em locais de venda. O que eles não sabiam é que a maioria das pessoas viciadas começou a fumar nessa idade, e uma grande porcentagem delas ficou doente ou morreu por causa disso.

Alguns fumantes queixam-se do cerceamento à sua liberdade para fumar. Ocorre que as pessoas que convivem com fumantes, os fumantes passivos, dependendo da ventilação do local e da concentração de fumaça de cigarros, em algumas horas podem aspirar o equivalente a vários cigarros fumados. As crianças são as mais atingidas, apresentando maior frequência de problemas respiratórios agudos, resfriados constantes, rinite, asma, pneumonia etc. E também foi demonstrado que filhos de pais que fumam têm um risco aumentado de apresentar algum tipo de câncer associado ao uso do cigarro quando ficarem adultos.

As crianças passam a conhecer o cigarro desde cedo, porque veem os adultos fumando, e pelas estatísticas brasileiras é comum experimentar o cigarro desde o Ensino Fundamental, o que vai se tornando uso frequente em um número significativo de estudantes do Ensino Médio. Hoje em dia, meninas fumam mais que meninos e filhos e filhas de pais fumantes fumam mais do que os de pais não fumantes. Fatores que propiciam o hábito de fumar são o mau exemplo por parte de adultos e a publicidade sob a forma de patrocínios de eventos esportivos e culturais.

Existem leis a respeito do cigarro, entre elas: é proibido fumar em locais públicos, nas escolas, nos cinemas, nos teatros, nos museus, nas bibliotecas e em locais fechados destinados a esportes, é obrigatório haver uma advertência sobre os perigos para a saúde nas carteiras de cigarro e nas publicidades, deve haver regulamentos sobre o uso de cigarro em instituições de saúde, em voos aéreos e em transportes públicos, é proibida a venda para menores de 18 anos, e são proibidas propagandas de cigarro dirigidas a crianças. Só falta fazer o que tem de ser feito: proibir a fabricação!

Os fabricantes de cigarros, visando apenas a lucro, dinheiro, casas bonitas, carros importados, têm total conhecimento de que a nicotina gera dependência orgânica e então dirigem a publicidade principalmente para os jovens, pois sabem os resultados das pesquisas, que revelam que, se uma pessoa não começar a fumar durante a adolescência, tem poucas chances de tornar-se um fumante na vida adulta. O negócio, então, é viciar logo, antes que cresçam, e fumar é apresentado como um passaporte para o mundo adulto, para o sucesso, para o *glamour*, para a sensualidade e para a liberdade.

É necessário manter o contingente de viciados, os homens já foram, as mulheres já foram, os jovens vão sendo... São gastos, anualmente, bilhões de dólares em promoções especificamente dirigidas ao público jovem feminino, como as marcas "somente para mulheres", que associam imagens de mulheres bonitas fumando com *glamour* e com sucesso. Como resultado dessas estratégias, em vários países o tabagismo é atualmente mais comum entre adolescentes do sexo feminino do que masculino.

Vejamos algumas estratégias de *marketing* para viciar as pessoas em cigarro:

– "Me ame ou me odeie. Mais ou menos é que incomoda. Cada um na sua." Propaganda dos cigarros Free.

– "Um raro prazer." Propaganda dos cigarros Carlton.

– "Feliz Natal no Mundo de Marlboro." Propaganda dos cigarros Marlboro.

– "O importante é ter Charm". Propaganda dos cigarros Charm.

– "Alguns homens fazem o que outros apenas sonham." Propaganda dos cigarros Marlboro.

– "Eu coleciono amigos. O resto é descartável." Propaganda dos cigarros Free.

– "Venha para onde está o sabor." Propaganda dos cigarros Marlboro.

– "Se aparecer um sinal vermelho, não pare. É o sol se pondo." Propaganda dos cigarros Marlboro.

– "Eu sou um animal absolutamente emocional." Propaganda dos cigarros Free.

– "Eu sou a minha própria invenção." Propaganda dos cigarros Free.

– "A montanha é de pedra. E você? Venha para este time, não é para qualquer um, mas você não é qualquer um." Propaganda dos cigarros Marlboro.

– "Um lugar onde a fronteira é a linha do horizonte." Propaganda dos cigarros Marlboro.

– "Não quero passar pela vida sem um arranhão. Quero deixar minha marca." Propaganda dos cigarros Free.

– "Existe um lugar onde a vida tem mais sabor." Propaganda dos cigarros Marlboro.

– "A melhor parte da minha vida é o improviso." Propaganda dos cigarros Free.

– "Ninguém muda nada se não acreditar que pode." Propaganda dos cigarros Free.

Num mundo onde cada vez mais as regras dizem que "é proibido fumar", o cigarro é mostrado como uma "transgressão às regras caretas", quem fuma se "afirma", quem fuma é *sexy*.

Como está cada vez mais difícil ter onde divulgar, as empresas de cigarro continuam como e onde dá, por exemplo, no patrocínio às equipes de Fórmula 1. Um relatório divulgado recentemente pela Organização Mundial de Saúde mostra que as empresas consideram esse tipo de *marketing* altamente "eficiente" e com grande "sucesso" para atingir a juventude. De acordo com uma pesquisa realizada pela empresa Philip Morris, um piloto de corridas pode ser visto como um caubói moderno, e acrescenta que "a Fórmula 1 é uma ferramenta de *marketing* indispensável e tem grande apelo com os consumidores-alvo em todos os mercados".

A RJ Reynolds explica, em memorando interno de 1989, o que leva as companhias de tabaco a investirem tanto no patrocínio de Fórmula 1:

"Nós estamos no negócio de cigarros. Não estamos no negócio de esportes. Usamos os esportes como uma estratégia para promover nossos produtos e para alcançar um aumento nas vendas."

Um diretor-executivo da Championship Sports Specialists Ltd., uma companhia de patrocínios de esportes, explica por que o patrocínio de corridas de Fórmula 1 é tão importante para as companhias de tabaco:

"É o esporte ideal para patrocínios. Tem glamour e uma cobertura mundial por televisão. É uma atividade que dura 10 meses ao ano, envolvendo 16 corridas em 14 países, com pilotos de 16 nacionalidades diferentes. Depois do futebol, é o esporte multinacional Número Um. A corrida de Fórmula 1 consegue uma exposição e uma hospitalidade globais, uma completa cobertura pela mídia e 600 milhões de pessoas assistindo-a pela TV a cada duas semanas. Estamos lá para ganhar visibilidade. Estamos lá para vender cigarros."

A cada dia, no mundo, milhares de jovens começam a fumar. Em média, esse início se dá aos 13-14 anos de idade. Um dos fatores determinantes desse quadro tem sido a promoção do comportamento de fumar como um estilo de vida atraente a fim de garantir a manutenção do contingente de consumidores. O público-alvo dessas estratégias tem sido, nitidamente, crianças e adolescentes, como revela a própria indústria do tabaco em documentos confidenciais liberados ao público durante processo judicial nos Estados Unidos. Neles, a preocupação em dirigir publicidade para o jovem é expressa claramente, como mostra um documento da Philip Morris, de 1981, que trata o adolescente como "o potencial fumante regular de amanhã". E fala da "necessidade de que 5.000 crianças e adolescentes comecem a fumar a cada dia para podermos manter o atual tamanho da população de fumantes".

Vamos ver alguns dos componentes do cigarro:

– Nicotina: é a causadora do vício.

– Benzopireno: substância que facilita a combustão existente no papel que envolve o fumo.

– Nitrosaminas.

– Substâncias radioativas, como o polônio 210 e o carbono 14.

– Agrotóxicos, entre eles, o DDT.

– Solventes, como o benzeno.

– Metais pesados, como o chumbo e o cádmio. Um cigarro contém de 1 a 2 mg desses metais pesados, que se concentram no fígado, nos rins e nos pulmões, tendo uma meia-vida de 10 a 30 anos, o que leva à perda de capacidade ventilatória dos pulmões, além de causar dispneia, enfisema, fibrose pulmonar, hipertensão, câncer nos pulmões, próstata, rins e estômago.

– Níquel e arsênico: armazenam-se no fígado e nos rins, no coração, nos pulmões, nos ossos e nos dentes, resultando em gangrena dos pés, causando danos ao miocárdio etc.

– Cianeto hidrogenado.

– Amônia, que é um material utilizado em produtos limpadores de banheiro.

– Formol: substância utilizada para manter intactos os corpos dos cadáveres nos Institutos Médico-Legais e nas Faculdades de Medicina.

– Monóxido de carbono: é o mesmo gás que sai dos escapamentos de automóveis.

– E mais de 4.700 substâncias, com cerca de 700 delas comprovadamente cancerígenas.

Um "produto" desses tem sua fabricação e sua venda permitidas.

Vejam um *memorandum* de 1975, dirigido a C. A. Tucker, vice-presidente de *marketing* da RJ Reynolds: "A marca Camel precisa aumentar a sua penetração na faixa 14-24 anos, que tem valores mais liberais e representa o marcado de cigarros amanhã".

E da Philip Morris, em 1969: "Para o principiante, fumar um cigarro é um ato simbólico. Eu não sou mais o filhinho da mamãe, eu sou durão, sou aventureiro, não sou quadrado... À medida que o simbolismo psicológico perde a força, o efeito farmacológico assume o comando, para manter o hábito...".

O cigarro provoca 200 mil mortes por ano no Brasil (23 pessoas por hora!), é a causa de 25% das mortes causadas por doença coronariana (angina e infarto do miocárdio), de 45% das mortes causadas por doença coronariana na faixa etária abaixo dos 60 anos, de 45% das mortes por infarto agudo do miocárdio na faixa etária abaixo de 65 anos, de 85% das mortes causadas por bronquite e por enfisema, de 90% dos casos de câncer no pulmão (entre os 10% restantes, um terço é de fumantes passivos), de 30% das mortes decorrentes de outros tipos de câncer (de boca, de laringe, de faringe, de esôfago, de pâncreas, de rim, de bexiga e de colo de útero), e de 25% das doenças vasculares (entre elas, o derrame cerebral).

Você vai continuar fumando? Ufa...

Os números do tabagismo no mundo: a Organização Mundial da Saúde (OMS) estima que, a cada dia, 100 mil crianças tornam-se fumantes em todo o planeta! Cerca de 5 milhões de pessoas morrem, por ano, vítimas do uso do tabaco! Caso as estimativas de aumento do consumo de produtos como cigarros, charutos e cachimbos se confirmem, esse número aumentará para 10 milhões de mortes anuais por volta de 2030!

Diz a revista *Newsweek*: "O fumo mata 420.000 norte-americanos por ano, que é mais de 10.000 por dia. Isso equivale a 50 vezes mais mortes do que as causadas pelas drogas ilegais". O ataque "terrorista" às Torres Gêmeas matou cerca de 2.000 pessoas...

No mundo todo, 3 milhões de pessoas por ano – seis por minuto! – morrem por causa do fumo, segundo o livro *Mortality From Smoking in Developed Countries 1950-2000*, publicado em conjunto pelo Fundo Imperial de Pesquisas do Câncer, da Grã-Bretanha, pela OMS (Organização Mundial de Saúde) e pela Sociedade Norte-Americana do Câncer.

Essa análise das tendências mundiais com relação ao fumo, a mais abrangente até a presente data, engloba 45 países. Richard Peto, do Fundo Imperial de Pesquisas do Câncer, adverte: "Na maioria dos países, o pior ainda está por vir. Se persistirem os atuais padrões de tabagismo, quando os jovens fumantes de hoje chegarem à meia-idade ou à velhice, haverá cerca de 10 milhões de mortes por ano causadas pelo fumo, uma morte a cada três segundos!".

Certa empresa de cigarro nas Filipinas, país predominantemente católico, distribuiu calendários gratuitos em que, logo abaixo da imagem da Virgem Maria, aparecia o logotipo de uma marca de cigarro. A Dra. Rosmarie Erban, conselheira de saúde da OMS, na Ásia, afirmou: "Nunca tinha visto nada igual, estavam tentando relacionar esse ícone católico ao fumo, para que as mulheres filipinas não se sentissem culpadas diante da ideia de fumar. Isso é um escândalo!".

Escândalo? Escândalo não é a divulgação, é permitir a fabricação!

Na China, calcula-se que 61% dos homens adultos fumam, contra apenas 7% das mulheres. Os fabricantes ocidentais de cigarro estão de olho na "liberação" das mulheres orientais, milhões das quais por muito tempo foram privadas dos "prazeres" desfrutados pelas glamorosas ocidentais. Mas há uma pedra enorme no caminho: o fabricante estatal de cigarro supre o mercado com a maior parte do produto. As empresas ocidentais, porém, estão gradualmente conseguindo abrir as portas. Com oportunidades limitadas de publicidade, alguns fabricantes de cigarro procuram preparar o terreno para ganhar futuros clientes à surdina. A China importa filmes de Hong Kong, e em muitos deles os atores são pagos para fumar. Em vista do aumento das hostilidades em seu próprio país, a próspera indústria norte-americana do tabaco está estendendo seus tentáculos para aliciar novas vítimas. O mesmo golpe da década de 1930...

O faturamento da indústria tabagista em todo o mundo é de 285 bilhões de dólares por ano! Há cerca de 1 bilhão de fumantes, número que aumenta cada vez mais, principalmente entre as crianças e os adolescentes.

No Brasil, o faturamento é de 4,5 bilhões de dólares por ano e o número de fumantes é de 35 milhões de brasileiros.

Vai parar de fumar? Já está severamente doente? Ainda não? Quer morrer? Daqui a alguns anos a fabricação será proibida no Brasil, você vai comprar cigarro contrabandeado? Para, filho de Deus! O que mais posso dizer? Na verdade, eu sinto compaixão pelos fabricantes de cigarro, pelos diretores e pelos funcionários dessas empresas, sinto compaixão pelas empresas que os transportam e distribuem, sinto compaixão pelas pessoas das agências de publicidade e pelas pessoas de certos segmentos da mídia que colaboram com esse crime, sinto compaixão pelas pessoas que vendem esse veneno em seu estabelecimento, pelas pessoas que se deixaram e se deixam enganar por essa malignidade.

Na verdade, abrindo o meu coração para vocês, neste momento eu estou chorando de dó deles todos. O que eu posso fazer é dar o exemplo para meus filhos e para quem me conhece, escrever livros, colaborar com as ONGs que atuam nesse sentido, me engajar cada vez mais nessa meta de um dia ser proibida a fabricação de cigarro em todos os países, enfim, vou fazer o que posso.

E, para finalizar, um conselho para os fumantes. Digam a si mesmos: "Me enganaram, me viciaram, me convenceram de que fumar é chique, que fumar traz sucesso, atores e atrizes de cinema e de televisão, jogadores de futebol, corredores de Fórmula 1, me mentiram, venderam a sua alma por dinheiro, me mentiram que fumar é rebeldia, que eu mandava em mim, quando eu era comandado pelas fábricas de cigarro e por seus agentes publicitários, mas não me enganam mais, não acredito mais neles, não vão continuar me viciando. Eu sou livre, eu mando em mim, não quero ser um doente, não quero ser viciado, não quero morrer de câncer, eu vou parar de fumar. E vou ajudar mais pessoas a se libertarem dessa maldade!".

Tática para ajudar a parar de fumar
Quero encerrar ensinando uma tática que ajuda a parar de fumar. Muitas pessoas não conseguem parar porque o ato de fumar implica uma série de rituais, que a pessoa se acostuma a realizar e sente falta deles, ao tentar parar. São eles: ir a algum lugar onde se vende cigarro e comprá-lo, colocar no bolso ou na bolsa, ter o cigarro perto de si, pegá-lo quando tiver vontade, acender, colocar na boca, aspirar a fumaça, encher o pulmão com ela, ficar um pouco com o pulmão expandido, expulsar a fumaça, colocar o cigarro em um cinzeiro ou mantê-lo na mão, praticar o ato de botar na boca, inspirar e expirar, várias vezes, apagar o cigarro no cinzeiro ou jogá-lo fora.

Quando uma pessoa decide parar de fumar, algumas vezes acha isso muito difícil, primeiro porque o seu organismo já está viciado (daí a importância dos adesivos e/ou chicletes de nicotina), segundo porque psicologicamente ainda necessita cometer esse ato (daí a importância de um tratamento psicológico), terceiro porque geralmente tem Espíritos obsessores de fumantes ao seu lado (daí a importância de realizar um tratamento espiritual), quarto porque necessita do ritual (então vamos ver como mantê-lo, mas sem fumar).

Faça assim: vá onde sempre compra cigarro, compre, guarde-o onde sempre guarda, tenha perto de si, quando der vontade de fumar, pegue um cigarro, bote na boca, fume, mas não acenda! Faça como sempre fez, inale, encha o pulmão, retenha o ar lá dentro, expire lentamente, continue fumando o cigarro apagado, repita isso várias vezes, como se ele estivesse aceso, depois de um tempo, "apague-o" no cinzeiro ou jogue fora.

Mais tarde, quando der vontade de fumar de novo, porque está carente, agitado, ansioso, triste, atucanado, faça a mesma coisa, mas não acenda! Depois de umas quatro ou cinco vezes fazendo isso, o seu organismo começa a pressioná-lo, quer nicotina! Quer alcatrão! Quer o gosto horrível daquela fumaça que você aprendeu a gostar! Então, acenda, e dê três ou quatro tragadas, e quando o cigarro estiver pela metade, apague-o no cinzeiro ou jogue-o fora.

Mais adiante no dia, continue fumando cigarros apagados, e quando não aguentar mais, acenda, fume até a metade e jogue fora.

No decorrer do primeiro dia, você terá fumado quatro ou cinco cigarros! E acabou a carteira, o cinzeiro está cheio (ou o pátio, ou o lixo), você vai no local de venda, compra uma carteira e recomeça tudo de novo.

Com isso, mais o adesivo ou os chicletes de nicotina, mais o tratamento psicológico, mais o tratamento espiritual, mais a indignação que espero ter introduzido em você aqui no livro, mais a sua força de vontade, mais a lembrança de que, quando nasceu, era um nenê com 3 kg, bonitinho, saudável, tudo era rosadinho e cheiroso dentro de você, as mucosas dos seus brônquios, os alvéolos do pulmão, tudo limpinho, veio lá do Mundo Espiritual encarnar aqui na Terra com uma missão especial, foi convencido de que fumar era normal, talvez seu pai e sua mãe fumassem, talvez tenha assistido a filmes em que os atores/atrizes fumavam, provavelmente gosta de música e de esporte e veja propaganda de cigarro associada a isso, enfim, até hoje você queria e dizia que não consegue, pois bem, chegou a hora de provar que você é um filho de Deus, um ser espiritual, que não quer mais ser enganado, que quer evoluir espiritualmente, que quer se purificar, e, principalmente, que vai se unir às pessoas e às organizações que lutam contra o cigarro, que querem acabar de vez com a propaganda e com a fabricação dessa malignidade!

Todos nós ansiamos por uma missão na vida. Pois bem, estou lhe oferecendo uma especial: seja um dos nossos! Nos ajude a salvar seus irmãos! Seja um soldado no exército de Deus nesta guerra santa! Use a sua energia para melhorar o mundo. Você é forte, você consegue, muitos conseguiram!

Consegui deixá-lo bem indignado? Vai parar de fumar? Está pensando? Tudo bem, mas lembre-se: não fume na presença de crianças e faça um bom Plano de Saúde. Nós nos vemos lá na UTI, você na cama, entubado, morrendo, seus filhos e seus familiares chorando e os seus Mentores Espirituais com dó de você. Quando morrer e subir, lá nos hospitais do Plano Astral sempre tem lugar para mais um. Os fabricantes, os divulgadores, os vendedores dessa droga não sei se subirão tão fácil, mas isso veremos depois, na hora. No Umbral também sempre tem lugar para mais um.

Deus nos abençoe nesta luta.

Sites recomendados
1. www.cancer.org.br
2. www.inca.gov.br
3. www.na.org.br
4. www.swissinfo.ch
5. www.greenpeace.org
6. www.avaaz.org
7. www.leiantifumo.org.br
8. www.antidrogas.com.br

22. A CANNABIS SATIVA (MACONHA)

O egoísmo do tempo mal aproveitado. A espiritualização inicial e a busca da transcendência X. A postergação e o aumento da dificuldade de lidar com as "coisas chatas" da vida.

A *Cannabis sativa* é uma planta herbácea da família das Canabiáceas e o seu principal composto químico psicoativo é o delta-9-tetrahidrocanabinol, comumente conhecido como THC. Possui também outros canabinoides, como o Cannabidiol e o Cannabinol, todos eles responsáveis pelos seus efeitos no Sistema Nervoso Central. Entre esses efeitos, que atraem muitas pessoas, estão o relaxamento muscular, uma sensação de calma, uma certa sonolência, uma melhora do humor, um aumento do otimismo, um estímulo da criatividade e uma maior ou menor euforia.

Os efeitos do início do uso dessa planta provocam uma sensação agradável, muito apreciada pelos Egos (Ego/ismo, Ego/centrismo...), e cativam muitas pessoas, pois acalmam, relaxam, interiorizam, "os problemas desaparecem", "as incomodações perdem a gravidade", "nada é mais tão sério ou urgente", "tudo tem solução", e o uso dessa planta vai se tornando a solução para o estresse diário, para as frustrações, para a tristeza, para a irritação, para as coisas chatas da vida que têm de ser feitas, para voltar para si ao final do dia, para acalmar-se durante o dia, para quando não se tem nada para fazer, e o seu uso gradativamente começa a intensificar-se, porque seu efeito é tão bom que não se vê motivo para não usá-lo, afinal de contas, fica-se mais calmo, mais pacífico, mais alegre, por que não usar, então?

O que a maioria dos usuários não percebe é o que chamamos de "O egoísmo do tempo mal aproveitado", pois o nosso sistema capitalista não é muito adepto do uso do nosso tempo em prol de melhoria das situações criadas e provocadas pela sua ideologia. Prefere que as pessoas se distraiam, divirtam-se, e para isso é muito incentivado ver televisão, curtir um som, conversar pela *internet*, e outros lazeres, e não se vê o mesmo estímulo a ajudar os outros, a sair de casa para colaborar em Obras sociais, em Instituições de Caridade, e então a sutil mensagem de "aproveitar o tempo" é, na verdade, um estímulo ao egoísmo, ao egocentrismo, ao "passar o tempo", ao "aproveitar a juventude" e ao "aproveitar a vida".

A maconha tem um efeito muito prejudicial aos seus usuários: ela tira o foco. Faz as pessoas terem altos e baixos de sua vontade, uma crescente instabilidade de seu direcionamento, quer muito uma coisa, almeja algo, fuma um baseado, a vontade passa... deixa para depois... Tem um sonho, gostaria muito de alcançar uma meta, um objetivo, fuma um baseado, aquilo não é mais tão urgente, amanhã eu faço... Quer alcançar um patamar mais elevado em um talento, vê as pessoas que têm o mesmo talento produzindo, destacando-se, também quer ser isso, fuma um baseado, imagina que já é... mas não é... poderia ser, mas a maconha não deixa. E vai vindo uma frustração... poderia ser isso, poderia ser aquilo, mas perdeu as ferramentas necessárias para o sucesso: a persistência e a disciplina. E a maconha é o oposto disso, ela leva para o Astral, ela leva para o reino da fantasia, ela abre artificialmente os chakras superiores, enquanto a disciplina, a persistência e o foco são atributos dos chakras terrenos.

E o uso da *Cannabis*, de eventual, começa a rotineirizar-se, tornar-se um ato cotidiano, um hábito diário, e encontrou-se a panaceia para todos os males. Mas o que o usuário não vê é que o agradável relaxamento vai virando preguiça, a calma vai se transformando em lassidão, a melhora do humor e do otimismo começa a virar postergação, a necessidade de fazer coisas chatas, coisas que não se gosta de fazer mas têm de fazer, vai deixando para mais tarde ("Depois eu faço...", "Amanhã eu faço..."), o aumento das ideias criativas vai se transformando em uma criatividade apenas teórica ("Tudo bem..."). E vai ficando cada vez mais Ego/ista, mais Ego/cêntrico, mais voltado para o "seu" prazer, o "seu" lazer, a "sua" felicidade, bem como o sistema gosta... Muitos usuários admiram pessoas que lideraram ou lideram movimentos contestatórios, mas essa admiração é teórica, pois o uso da maconha torna-os joguetes nas mãos do mesmo sistema que afirmam contestar.

Geralmente, o uso da maconha começa na pré-adolescência ou na adolescência, e isso faz com que a entrada no mundo adulto, que nada mais é do que se tornar uma pessoa séria, responsável, dinâmica, trabalhadora, engajada no mundo, verdadeiramente revolucionária, no sentido de ajudar o mundo a melhorar, e então vitoriosa, comece a demorar para acontecer, e o jovem vai permanecendo jovem, e não amadurece, e os anos vão passando, e o jovem não amadurece, vai ficando sempre jovem, só que já não é mais tão jovem, mas a sua autoimagem é de um jovem, e aí começa o pior: vai ficando ridículo. Veste-se como um adolescente e já é um adulto, mas não se vê como adulto, sente-se ainda um jovem, mas não é mais... Os seus antigos amigos, "caretas", tornaram-se adultos, e ele não. Quem estudou, esforçou-se, acabou a Faculdade, está trabalhando, ganhando dinheiro, fazendo coisas, e ele? Ainda morando e dependendo financeiramente dos pais, que passam a ser, então, os culpados por sua situação. Ou, se não são os pais, é a sociedade, o mundo, os políticos...

O que aconteceu é que as suas metas e as suas ideias foram se transformando em apenas uma viagem mental, sem uma concretização prática das mesmas, pois o uso cotidiano dessa planta relaxa, acalma, interioriza, faz a pessoa sentir-se bem... Ego/ismo, Ego/centrismo... E podem ir ocorrendo duas coisas: uma tendência ao isolamento e à solidão, ou a um excesso de sociabilização, um excesso de intimidade, sem critérios, com uma perda da autocrítica.

Dependendo da personalidade do usuário, ele pode não perceber a ruína evolutiva do seu aspecto físico, ir perdendo o cuidado com a roupa, com o cabelo, com a sua postura e com as suas atitudes, a ponto de as pessoas verem que ali está um viciado em maconha, menos ele próprio, pois vai a lugares com o odor característico da planta sem perceber isso, acha que colocar desodorante ou um perfume vai disfarçar o cheiro, mas não disfarça, ou então dá uma escapadinha, some, e depois volta com o sorriso infantiloide característico, falando bobagens, rindo à toa, ou escondendo-se pelos cantos.

A sua postura, a sua fala, a sua conduta, começam a revelar que está substituindo a sua saúde, a sua maturidade, a sua energia positiva, por uma atividade egoísta, egocêntrica, infantil, teórica, de quem não quer amadurecer, tornar-se adulto verdadeiramente, numa viagem mental por mundos pseudoespirituais que não irão beneficiar nem a si nem às pessoas com quem convive, e nem pessoas que necessitariam de sua atenção e de seu cuidado, como os doentes, os pobres, os deficientes, num exercício de caridade, de cuidado, de carinho, que seu coração pede, mas que exigiria uma atitude ativa, madura, proativa, e não passiva, adolescentoide, como o uso dessa planta cria e perpetua.

A felicidade que a pessoa sentia ao início do uso vai se tornando uma alegria infantiloide, porque o uso cotidiano dessa planta vai impedindo a pessoa de amadurecer, um jovem de 18 anos comporta-se como um de 14, ou menos, um adulto de 20 e poucos anos parece um adolescente, na linguagem, na maneira de vestir-se, na postura, e isso começa a refletir-se nos estudos, no trabalho, e o uso de uma substância proibida por lei pode ir criando sintomas paranoicos e esquizofrênicos, como uma ilusão de perseguição, podem surgir visões, aflorarem ideias espirituais estranhas, principalmente se o usuário começa a ser (mal) acompanhado por espíritos desencarnados, usuários, que passam a influenciá-lo em seus pensamentos, em seus hábitos, até dominarem completamente a sua mente e a sua vontade.

A nossa sociedade, ainda materialista, e dominada pela indústria do passatempo e da futilidade, incentiva sutilmente o uso de substâncias que deixem os jovens e as pessoas em geral "alegres" e mais leves, como o álcool e a maconha. Nenhuma pessoa fuma um baseado e vai trabalhar em uma obra de caridade, vai ajudar alguém com dificuldade, ela vai curtir um som, divertir-se. O uso da maconha é um exercício egoísta, egocêntrico, que visa a fazer o usuário sentir-se feliz, mesmo vendo tanta infelicidade à sua volta, mesmo sabendo que poderia estar utilizando melhor o seu tempo em prol de si mesmo, estudando mais, esforçando-se mais, trabalhando mais. No caso de jovens ou mesmo de adultos de classes sociais mais baixas, o seu uso serve para os consolar, para aguentar, para poder lidar melhor com essa condição, e ninguém pode ser contrário ao uso de alguma coisa que atenda essa necessidade. Mas o seu uso crônico, diário, transforma-se em acomodação, em momentos de "felicidade", de relaxamento, quando poderia utilizar o mesmo tempo para esforçar-se mais para sair dessa condição que a vida lhe trouxe, para destacar-se na escola, no trabalho, para conseguir reverter uma situação adversa em algo muito melhor. Mas o uso da maconha, como também do álcool, do *crack* e de outras que vêm vindo, sempre com a mesma finalidade – "trazer alegria" –, faz com que o tempo, que poderia ser utilizado para progresso, para a busca do sucesso material, financeiro, seja direcionado para acalmar-se, para curtir.

No caso de jovens e de adultos de classe média ou alta, o uso da maconha, da bebida alcoólica, da cocaína ("droga de rico"), é um exercício de egoísmo, de atestado do mau uso do tempo, direcionado apenas para si mesmo, e não para os outros, para a sua "paz" e não para os mais necessitados, os carentes, os doentes, os infelizes que estão em hospitais, em creches, em asilos, pelas ruas.

Muitas pessoas usuárias dessa planta afirmam que o seu uso, pela expansão da consciência que ela provoca, traz consigo uma abertura espiritual, uma nova visão a respeito da realidade, uma libertação da informação materialista da nossa sociedade egoica e capitalista, como se fosse um reencontro consigo mesmo, com a nossa identidade espiritual, e por isso ela é considerada como uma "planta sagrada", e o seu uso é defendido como se fosse um direito espiritual, até baseando-se na liberdade de culto e de opção religiosa.

Uma das alegações dos seus usuários é que essa planta é "pacífica" em sua mensagem, que ninguém sob seu efeito torna-se violento ou agressivo, que a pessoa fica mais espiritual, mais calma, mais tranquila, mais amorosa. E a comparação com a bebida alcoólica, que é legalizada e incentivada, e o seu efeito desrepressor, liberalizador de características escondidas, que muitas vezes degeneram em agressividade, em posturas auto e heterodestrutivas, é um dos argumentos dos usuários da *Cannabis*, e não se pode tirar deles totalmente a razão desse raciocínio. Alguns usuários chegam a argumentar que, se todas as pessoas usassem a *Cannabis*, terminaria a violência na Terra.

Pode ser... Então, fico pensando, quem sabe o uso sacramental, eventual, da *Cannabis*, poderia realmente ajudar a erradicarmos a nossa violência inata, a domesticar o ser humano, a amansar o nosso Ego, a nos espiritualizar? Uma utilização, digamos, mensal ou bimensal, em um ritual especial, num Ritual de Lua cheia, num dia de uma configuração astrológica especial, com todo o respeito, com reverência, talvez sim, para acessar níveis espirituais superiores, mas não como vemos, um uso inadequado dessa "planta sagrada", uma utilização cotidiana, diária, a qualquer momento, de qualquer maneira, sem nenhum respeito que exigiria, então, a "sacralidade" dessa planta.

Se essa planta é sagrada, deveria ser tratada como tal pelos seus usuários, mas não é. O que se vê é um uso vulgar, e a abertura espiritual, referida por muitos usuários nos primeiros tempos da utilização dessa planta, degenera numa experiência meramente teórica, numa espiritualidade egocêntrica e egoísta, numa busca de viagens internas de descobertas fantásticas, num exercício infantil de busca de prazer e de curtição, de ampliação da capacidade de sentir os sons e as cores, visando apenas a viajar, viajar e viajar. A "espiritualização" virou uma teoria, a prática transformou-se em ideias espirituais, tudo vai virando um desejo de interiorizar-se mais e mais, ser calmo, pacífico, e isso me lembra uma história budista:

"Uma vez, um aprendiz se ofereceu como discípulo de um monge num templo nas montanhas. O monge perguntou o que ele sabia fazer. O aprendiz se sentou e entrou em estado meditativo. Passava o tempo e o candidato a aprendiz ali, sentado, meditando, interiorizado... Os dias passando e ele ali, sorrindo, feliz, meditando... O monge, num certo momento, resolveu interromper aquele exercício egoísta e perguntou se ele queria ajudar no templo, varrer o chão, limpar a cozinha, o banheiro... O candidato respondeu que queria iluminar-se, preferia ficar ali, meditando... O monge pegou a vassoura que estava lhe oferecendo para trabalhar e o expulsou a vassouradas, dizendo que já tinha suficientes budas de pedra para enfeitar o templo."

A busca de transcendência, a paz do começo de seu uso, a alegria da libertação que o uso dessa planta traz no início, começam, aos poucos, a transformar-se num desleixo consigo mesmo, numa afetividade insensível ou exagerada com as outras pessoas, e a espiritualidade prática, a que realmente conta, a que dá um resultado evolutivo, baseada no trabalho de ajuda aos necessitados, aos pobres, aos doentes, que exige uma disciplina do nosso ego, que exige uma maturidade psicológica e espiritual, vai dando lugar a uma mera curtição, como se a vida fosse uma sucessão de momentos de relaxamento e de felicidade, principalmente se o usuário conta com outras pessoas que trabalham por ele, que se esforçam pelo seu sustento, que enfrentam as chatices do dia a dia, que cumprem as suas obrigações sociais, que fazem o que ele não gosta de fazer, como ter compromissos, pontualidade no trabalho, enfrentar o trânsito, pagar contas etc., ou seja, uma ou mais pessoas arcam com o ônus do trabalho duro para que o usuário dessa planta possa ser feliz e curtir a sua "onda espiritual".

E a liberdade pessoal, a libertação que essa planta traz em sua mensagem, alardeada pelos seus usuários, vai-se transformando em uma dependência financeira, gerada pela desativação dos chakras básicos (responsáveis pelo nosso aterramento, pelo nosso direcionamento, pelo nosso poder pessoal), e pela abertura externa dos chakras superiores, os chakras espirituais, não de uma maneira consciente, com trabalho, disciplina, constância, respeito e educação em relação às coisas espirituais, e sim da maneira como talvez a maioria dos usuários da *Cannabis* a utilizam: fumando um baseado, curtindo um barato, numa atividade grupal, entre conversas nem sempre de tom elevado, de caráter espiritual, ou de manhã para acordar, a qualquer hora do dia para espantar o tédio, no intervalo das aulas, camuflados numa pracinha ou numa esquina, à noite, para realizar atos raramente elevados, enfim, numa atitude totalmente oposta ao caráter apregoado, o caráter sagrado dessa planta.

O uso de uma "planta de poder", como ela é considerada, exigiria um mínimo de respeito a ela, o que não se observa na maioria dos seus usuários, que fazem uso dela desregradamente, cotidianamente, diariamente, não para evoluir espiritualmente, evoluir como ser humano, mas para ficar feliz, ficar leve, ficar bem…

E por que a pessoa usuária vai ficando com dificuldade de concentração, de realização, tornando-se um especialista em postergação? É que o uso cotidiano dessa planta aumenta o número de receptores de THC no córtex cerebral, no hipocampo, no cerebelo e nos gânglios basais do cérebro delas, o que provoca os intensos malefícios associados ao seu mau uso e ao seu abuso: as alterações na capacidade de pensamento, a dificuldade de raciocínio, as deficiências da memória e as alterações de coordenação e de aprendizagem. E como consequência, o que poderia, quem sabe, ser um exercício de espiritualização, de ampliação do poder pessoal, de elevação do grau espiritual, transforma-se numa queda vertiginosa do rendimento escolar, do rendimento no trabalho, dos potenciais criativos, do rendimento da própria vida, e a pessoa vai se tornando uma caricatura de si mesmo, sem o perceber.

Todos enxergam uma diminuição gradativa de sua persistência, de seu direcionamento, escutam seus devaneios teóricos e lastimam que esteja botando fora os seus potenciais, todos o aconselham, preocupam-se com ele, mas, dominado pela "paz" que vem dessa planta, dominado pelas influências dos amigos, e dominado pelos espíritos obsessores, não vê isso, e segue fumando, e segue viajando, produzindo cada vez menos ou muito menos do que poderia, evoluindo cada vez menos ou muito menos do que deveria, e nunca fica adulto de verdade, vai perpetuando a adolescência, mas a idade vai chegando, o tempo vai passando, as oportunidades vão se escoando, até que, um dia, com 30 ou 40 anos, desperta e vê a bobagem que fez, o tempo que perdeu, ficou buscando paz e alegria, apenas paz e alegria, sem perceber que isso é egoísmo e que espiritualidade é trabalho de doação ao próximo, que espiritualidade não é teoria, é prática, é amor distribuído, é a mão estendida, é a atitude de viver pelo bem comum, é libertar-se de si, é curar seus sentimentos e não os mascarar.

As pessoas que trabalham o dia todo e fumam à noite em casa para relaxar acham isso muito bom, afinal de contas, depois de um dia inteiro de trabalho, por que não pode fumar um e relaxar? Pode, sim, por que não, mas por que precisa fumar um para relaxar? É a mesma coisa que necessitar tomar Valium, Dienpax, Frontal, também acalmam, também viciam. E quando elas fumam um baseado, estão fazendo alguma coisa boa para o mundo? Estão ajudando alguma ONG, alguma Associação de pessoas que querem melhorar alguma situação injusta? Não, estão curtindo... ouvindo um som maravilhoso... tendo ideias fantásticas... Isso é o egoísmo do tempo mal aproveitado.

O início do uso dessa planta é uma lua de mel, mas depois dessa lua de mel, com o passar do tempo, começa a surgir o desconforto quando está sem ela, começa a aumentar a necessidade do seu efeito, tem de fumar, senão fica mal, vem o tédio, a irritação, a ansiedade, começa o que se chama de tolerância, que é a necessidade de mais *Cannabis* para o mesmo efeito de sentir paz, de ficar bem, e começa a dependência, que é a dificuldade de controlar o consumo. Todos dizem que poderiam parar, que não são viciados, mas não param... Estão viciados em ficar bem artificialmente, em sentir paz de fora para dentro. E como libertar-se disso? Em geral, os usuários da *Cannabis* desprezam toda a informação científica que alerta sobre os perigos do uso, achando que isso é uma caretice, desconsideram o que dizem os adultos, os seus pais, os médicos, os cientistas, acreditando que eles são "caretas", "não sabem nada...", quando na verdade estão preocupados com eles, muitas vezes tentando evitar que façam o que eles mesmos fizeram de errado em sua juventude.

O que leva um jovem a fazer uso de substâncias é geralmente a busca do prazer, da alegria e da emoção, mas isso acaba por afetar o senso de realidade da vida e o faz ir navegando num mar de apenas sonhos e fantasias, sem concretização, sem um resultado positivo, sem a prática. Muitas vezes, o início do seu uso foi uma tentativa de amenizar sentimentos de solidão, de inadequação, de baixa autoestima ou de falta de confiança. Muitas vezes, o seu uso é uma forma de afirmar-se como igual dentro de seu grupo, pois existem regras no grupo que são aceitas e valorizadas por seus membros, tais como o uso de certas roupas, o corte de cabelo, a linguagem, a frequência a certos locais e a utilização de drogas. Então, tem de ser igual, não pode ser diferente, não pode ser careta... É no grupo que o jovem busca a sua identidade, porém o jovem tem o livre-arbítrio na escolha de seu grupo de companheiros. Na verdade, o tipo de grupo com o qual ele se identifica tem a ver com a sua personalidade e suas tendências.

Uma motivação forte para um jovem buscar substâncias é a transgressão, e transgredir é contestar, é ser contra a família, contra a sociedade e seus valores. Uma certa dose de transgressão na adolescência é até normal e benéfica, mas, quando ela excede um limite normal, representa uma desilusão e um desencanto, e o perigo passa a ser a generalização e a banalização da vida, tipo "Ninguém presta...", "É tudo um bando de *fdp*", "Fulano não estudou e se deu bem na vida...", "Quem estuda é careta..." etc.

Os jovens muitas vezes utilizam determinada substância para apontar a incoerência do mundo adulto que usa e abusa das drogas legais, como álcool, cigarro e medicamentos. A onipotência juvenil é uma característica da adolescência que faz com que o jovem acredite que nada vai acontecer. Pode transar sem camisinha e não vai engravidar, nunca vai pegar AIDS ou outra DST, pode usar drogas e não vai se tornar dependente. E é ainda maior o risco de dependência no jovem quando tem dificuldades de lidar com figuras de autoridade, pois aí desafia e transgride compulsivamente, e pode se autodestruir para provar que está certo...

Os adolescentes sofrem influências de modismos e de subculturas, são contestadores, sofrem conflitos entre a dependência e a independência, querem ser independentes sem serem independentes financeiramente, têm uma forte consciência grupal e sentem, com razão, um desprazer com a vida urbana rotinizada, e muitas vezes acabam tomando caminhos equivocados para sair dessa rotina. Na década de 1960, muitas pessoas começaram a questionar a realidade social e a procurar uma cura psíquica na natureza, já que o mundo urbano parecia não oferecer alternativas. Aprenderam a usar certas plantas para modificar a percepção consciente, era a época dos *hippies*. Hoje, depois de 30 anos, a maioria reconheceu o seu equívoco, pois viram que essa falsa sensação divina acabou anestesiando a sua realidade individual de não se sentirem "bem o bastante", e perceberam que ser "careta" traz mais paz, mais direcionamento, menos egoísmo de viajar para dentro de si, esquecendo da caridade, da ajuda aos demais, do cuidado com os pobres, com os doentes, com os mais necessitados. Viram que optaram pela "espiritualidade teórica", que não leva a nada além disso, pois é um atestado do egoísmo, do querer "ficar bem", em vez de optar pela espiritualidade prática, que é trabalhar pelo bem comum, ajudar quem necessita, estar presente e ativo no mundo.

A sociedade atual, dominada pelos canais de televisão e pela *internet*, tem muito pouco a oferecer para a rebeldia sadia de um jovem, e faz com que a sua vida pareça ser sem significado. O jovem quer lutar por algo, e o que o mundo lhe oferece? Os jovens sentem necessidade de se descobrir e de responder à questão: "Quem sou eu?". Mas como a mídia os massifica e os submete às suas ordens e aos seus desejos, os jovens querem saber quem realmente são e optam por fazer isso por meio da *Cannabis*, viajando na fantasia de ser o que gostariam mas na verdade não são, o que a mídia vende como valores importantes, mas que geralmente são bobagens imediatistas, conquistas falsas de vitórias passageiras.

A juventude não encontra um canal para escoar a sua inquietude, e como a sua agitação interna é grande, muitos jovens utilizam vários tipos de substâncias para livrar-se do desconforto que sentem no corpo, nas emoções e na mente. As substâncias, e entre elas a *Cannabis*, aliviam o desconforto, funcionam como uma cortina de fumaça para disfarçar uma sensação intensa de vazio. Muitas pessoas começam a utilizar substâncias como uma tentativa de alcançar o seu Eu divino, mas pagam um preço muito alto por isso: o de encontrar um Eu ilusório e teórico. A *Cannabis* traz uma percepção de realidade passiva e pode até ser um caminho para a expansão da percepção, porém é um caminho passivo, de fora para dentro, e causa então uma dependência, pois não é uma conquista real, interna, ela é externa, temporária.

E, frequentemente, quem está ao lado do usuário, invisível? Vejam o relato de uma pessoa quando foi a um bar projetado em espírito (projeção é estarmos acordados ou dormindo e sairmos do corpo):

"Anos atrás, quando eu era mais jovem, costumava ir a um bar noturno para ouvir o pessoal tocar *blues* e *rock*. Fiz amizade com os músicos e comecei a aprender a tocar gaita e a cantar *blues*. Foi uma forma de diversão e de expressão artística que vivenciei por poucos meses, mas com bastante intensidade durante essa época da minha vida. Quase todas as noites, de tanto tentar cantar e tocar *blues*, ao fechar os olhos, deitado em minha cama, começava a escutar melodias maravilhosas. Foi uma época legal, de muita criatividade, mas também de alguns desequilíbrios. Infelizmente, naquele ambiente, o excesso de emanações alcoólicas, de fumaça de cigarro, além da presença, nos bastidores, de certas drogas, demonstrava que a atmosfera psicoespiritual era bastante perturbadora. Isso não significa que o *rock*, o *blues* ou o barzinho, tão frequentado por jovens, sejam sinônimos de desequilíbrio. Mas, naquele caso, era. Certa noite, dormindo em minha casa, me vi projetado fora do corpo, estava na porta daquele bar, e percebi o que estava ocorrendo. Próximo à entrada, havia um grupo de espíritos, alguns desencarnados e outros temporariamente projetados fora do corpo, como eu. Fui me aproximando e, então, vi um espírito, com a aparência de uns vinte e cinco anos, que me chamou a atenção. Ele tinha barba e óculos. Talvez inspirado por algum dos meus amparadores espirituais, cheguei perto dele. Quando ele me viu, fui logo reclamando: 'Você é um espírito obsessor! Está me perturbando!'. Ele continuou na dele, sem dizer nada, apenas me encarando. Então, continuei: 'Por que você faz isso? Por que está fazendo a turma beber até *encher a cara*?'. Para meu espanto, ele me respondeu com a maior naturalidade: 'Pare de ser hipócrita! Não sou eu que faço o pessoal beber e fumar! Eles bebem e fumam porque querem, eu apenas *curto* junto... dou uma forcinha!'. Foi aí que 'caiu a ficha' e percebi o quanto eu estava sendo infantil. É claro que todos somos responsáveis pelos nossos atos, não podemos responsabilizar os outros por isso. Temos que parar com esse 'papo' de espírito obsessor. Então, perguntei: 'E como você faz isso?'. 'É simples! Quando alguém fuma, por exemplo, chego bem pertinho da pessoa, quase abraçando-a, e aspiro a fumaça junto com ela.' Enquanto explicava, foi demonstrando. A impressão que tive, quando ele aspirou a fumaça, é que o perispírito dele se justapôs ao de um jovem que tragava um cigarro naquele momento, quase que 'colando' nele. Após essa curta conversa, voltei ao corpo físico e despertei. Fiquei pensando naquilo que vivenciei, para não esquecer mais, e após uma prece de agradecimento pela lição recebida, adormeci. Essa lição que aprendi me marcou profundamente. Aquele espírito era um coparticipante dos desequilíbrios alheios, e muito inteligente e culto, um artista e um intelectual, só que desencarnado."

O uso continuado da maconha faz mal, pois é um vício, e, por melhor que seja o prazer causado pela inalação de um cigarro feito de maconha, com certeza não trará bons resultados no futuro. Os estudantes que fumam maconha têm dificuldades em estudar e em aprender. Os atletas não conseguem o mesmo desempenho, porque a droga afeta seus reflexos e sua coordenação. A maconha contém alguns dos mesmos elementos que causam câncer e que se encontram nos cigarros, às vezes mais concentrados. Os estudos mostram que uma pessoa que fuma cinco cigarros de maconha na semana consome a mesma quantidade de químicos carcinogênicos que uma pessoa que fuma um maço de cigarro por dia. A fumaça da maconha e do tabaco mudam os tecidos que cobrem o sistema respiratório. Também é possível que, em algumas pessoas, a fumaça da maconha contribua para o desenvolvimento precoce do câncer da cabeça e do pescoço. As pessoas que fumam maconha frequentemente desenvolvem os mesmos problemas respiratórios daquelas que fumam cigarros, têm sintomas como a característica tosse crônica (bronquite crônica) e mais resfriados. O uso contínuo da maconha pode resultar em função anormal dos pulmões e das vias respiratórias. Existem evidências de que a fumaça da maconha pode destruir ou danificar o tecido pulmonar. Infecções por fungos presentes na maconha podem ocorrer em usuários frequentes.

Os fumantes frequentes e prolongados da maconha mostram indícios de falta de motivação (síndrome amotivacional): não se interessar pelo que acontece na sua vida, não ter desejo de trabalhar regularmente, sentir fadiga e falta de interesse em sua aparência pessoal.

Como resultado, a maioria deles tem baixo ou baixíssimo desempenho escolar e no trabalho, e parece não se importar com isso... As pessoas que começaram a fumar maconha buscavam apenas tranquilidade, para sentirem-se mais calmas e tranquilas, e frequentemente sofriam de desajustes em sua casa, a ausência do pai ou da mãe, sentiam uma tristeza, uma mágoa, um desconforto, e não queriam sentir isso, queriam ser felizes, queriam ser alegres, sentir-se bem, e essa planta, ao início, muitas vezes traz isso, por isso o seu uso é tão difundido e atraente.

Paralelamente a isso, ela vai provocando o "efeito colateral" de ir aumentando a dificuldade de lidar-se com a realidade, pois então – beleza! – não é mais necessário enfrentar a tristeza, a dor, a ansiedade, é só fumar um baseado que tudo passa! Para que sofrer se algumas tragadas dessa fumaça me deixam bem, se fico feliz, tranquilo, e posso então relaxar, curtir um som, ser feliz? É o egoísmo do tempo mal aproveitado.

E como, pelo seu uso, as coisas vão piorando, pois, além do que já havia de problemas, começam a surgir outros, como começar a ir mal no colégio ou na faculdade, o pai ou a mãe começarem a encher o saco, e tem de ficar dando explicação, e querem que vá se tratar, que vá a um psicólogo, e lá vêm os discursos, e a encheção de saco vai aumentando, e nada melhor para recuperar o bom humor do que fumar um baseado, e aí fica bem, e aí fica calmo, mas nada melhora, a encheção de saco continua, os discursos continuam e começam as ameaças: "Internação? Nem pensar!", "Que merda, não sou viciado", "Eu paro quando eu quiser!", "É uma planta de poder!", "Os artistas usam", "Em vários países o seu uso é liberado, só nesta merda de país subdesenvolvido que não!". E por aí vai. E mais baseados e mais brigas e mais encheção de saco e mais baseados e mais brigas e mais encheção de saco e mais e mais e mais... E, ao lado, os obsessores sorrindo, quanto mais baseados, melhor, quanto mais briga, melhor... Acabou a paz, acabou a tranquilidade, as notas despencando cada vez mais, o cabelo desgrenhado, a calça arrastando no chão, o tênis sujo, o colírio sempre no bolso, o cheiro que todo mundo conhece, os pais desesperados, tristes, abatidos, sem saber bem o que fazer, onde está aquela guria linda, perfumada, onde está aquele garoto forte, que era bom em esportes, como é que isso foi acontecer conosco?

A respeito dos espíritos obsessores, o Espiritismo ensina que há muitas espécies de desencarnados que, de alguma forma, consciente ou inconscientemente, nos prejudicam. Há espíritos viciados, dependentes do fumo, do álcool, das drogas, da gula, do sexo etc. que, quando encarnados, adquiriram algum vício, a ponto de ficarem dependentes, e ao desencarnarem levam consigo a mesma dependência, pois quem tem os desejos não é a matéria e, sim, o Espírito. Por isso, existem muitos espíritos desencarnados viciados e dependentes que ficam desesperados por não mais poderem satisfazer os seus vícios diretamente, e esse tipo de obsessão é um dos mais difíceis, pois a cura só ocorre quando o obsediado decide, definitivamente, deixar por completo o vício. Se a pessoa não toma essa decisão, o que acontece é que, pelo trabalho de desobsessão, os obsessores são esclarecidos, orientados e afastados para tratamento. Mas como a pessoa continua a alimentar os mesmos vícios, outros obsessores entram em sintonia e dão continuidade à obsessão.

Outra categoria de obsessores é constituída por Espíritos indecisos e indiferentes, que em nada acreditam, que ainda perambulam sobre a superfície da Terra, às vezes até sem perceberem que já morreram, e vivem sem um rumo determinado, e quando se aproximam de nós, nos transmitem coisas ruins, dúvidas e incertezas, podendo nos induzir à depressão. São aqueles que ficam perambulando na Terra sem objetivo determinado. Quando aqui viviam, dedicavam-se exclusivamente à matéria e, em geral, em nada acreditavam. Muitas vezes, não sabem que já morreram, pois se sentem vivos, e realmente estão vivos, só que sem o corpo material. Esses espíritos devem ser esclarecidos devidamente, para que possam compreender as diferenças básicas entre os Planos Material e Espiritual e ser encaminhados para estagiar nas Escolas Espirituais, no sentido de aprenderem a finalidade das reencarnações e se prepararem convenientemente para a continuidade da evolução espiritual.

Existem também espíritos obsessores brincalhões, que querem se divertir às nossas custas. São espíritos atrasados, que não estão capacitados a distinguir o bem do mal e não têm noção das Leis de Justiça Divina, de causa e efeito. Precisam ser orientados sobre as responsabilidades do livre-arbítrio, a pensarem na própria vida, na sua necessidade de progresso, e irem se preparando para novas reencarnações, deixando, assim, de perder um tempo precioso. Eram assim quando encarnados e continuam assim depois de desencarnados, aproximando-se de pessoas similares, brincalhonas, levianas.

Jesus, nosso Mestre Supremo, fornece-nos nos Evangelhos uma receita simples e eficiente para não cairmos nas teias da obsessão: Orar e vigiar, e ocupar o nosso tempo disponível em trabalhos meritórios e edificantes, e não apenas em busca de prazer, de lazer.

O que se observa é que uma pessoa que utiliza essa planta em seu dia a dia, para espiritualizar-se (teoricamente), para meditar (egocentricamente), para curtir um som (egoisticamente), para sair com a galera (para perder tempo com bobagens), para relaxar (em vez de ir ajudar os demais), para voltar para si mesmo (em vez de dirigir-se altruisticamente para o bem dos outros), para esquecer as chatices de sua vida (em vez de adultamente enfrentá-las), nunca reconhece que está viciado e sempre afirma que pode parar quando quiser.

Diz que a maconha não lhe faz mal, que ela não lhe prejudica, mas quando a voz de sua Consciência ou o apelo do seu Mentor Espiritual lhe recomenda a suspensão desse hábito, ao tentar, essa intenção não perdura mais do que um ou dois dias, revelando a realidade: está viciado, sim, e não consegue parar. E por que não consegue? Por muitas razões, entre elas, porque adquiriu o hábito diário de fumar um baseado, isso passou a fazer parte da sua rotina, para curtir um som, para comunicar-se pela *internet*, afinal, todos os seus amigos fumam, porque viciou-se na facilidade de sentir-se bem artificialmente, não aceita mais estar incomodado com algo, não admite mais se sentir contrariado. Por que ficar triste ou irritado se um baseado o acalma? Mas também porque, ao seu lado, invisivelmente, muitas presenças espirituais utilizam a substância com ele, e não têm nenhum interesse de que ele pare, é uma subjugação, e a grande capacidade desses seres é entrar no nosso pensamento e dominá-lo, e então o uso de uma chamada "planta de poder" transforma-se numa deficiência de poder pessoal, numa falta de poder de autonomia, e uma sujeição ao poder de entidades trevosas e maléficas.

A partir daí, não basta mais a realização de uma terapia ou uma busca de solução em sua própria Consciência, é obrigatória uma consulta em um Centro Espírita e um tratamento espiritual para a doutrinação dessas entidades, visando ao seu convencimento de que, melhor do que ficar aqui na Terra, ainda atadas ao seu vício, encostadas a usuários cegos e surdos, é subir de volta para Casa, no Plano Astral, onde, depois de um tratamento em um hospital, irão ter a oportunidade de refletir sobre o que fizeram de sua vida, o que fizeram de seus sonhos e ideais, sobre como perderam o seu poder pessoal, como se viciaram no desejo de ficar sempre bem, sempre em paz...

Numa época de transição como está passando o nosso planeta, em instantes tão preocupantes da caminhada evolutiva do ser humano, o Espiritismo vem difundir as informações antidrogas que chegam do Plano Espiritual, divulgando os seus informes e os seus relatos, alertando para o uso irresponsável e infantil de substâncias, no seu aspecto preventivo e no de assistência aos já dominados pelas Trevas. Pois uma das maneiras de as Trevas atrasarem o plano de Deus para os seres humanos é atraí-los, pela brecha do egoísmo infantil, ao "aproveitar a adolescência", ao "aproveitar a vida", tão incentivados pela mídia capitalista e materialista, e levá-los para o mundo da ilusão.

Nas obras *Missionários da luz* e *Evolução em dois mundos*, de André Luiz, esse autor espiritual nos ensina que os neurônios guardam relação íntima com o perispírito, e a agressão das drogas às células neuronais reflete-se nas regiões correlatas do corpo perispiritual, em forma de lesões e deformações consideráveis que, em alguns casos, podem chegar até a comprometer a própria aparência humana do perispírito. Tal comprometimento concorre para o surgimento de um acentuado desequilíbrio do Espírito, uma vez que o perispírito funciona, em relação a este, como uma espécie de filtro na dosagem e na adaptação das energias espirituais junto ao corpo físico e vice-versa. E, muitas vezes, o consumo excessivo de drogas faz com que as energias oriundas do perispírito para o corpo físico sejam bloqueadas no seu curso e retornem aos centros de força, provocando fraqueza, desalento, tristeza, queda do rendimento em relação a tudo, o que faz com que o usuário opte por usar ainda mais o que está provocando isso, num círculo vicioso que só pode terminar se, um dia, olhar-se num espelho e reconhecer que se enganou, que se perdeu, que se tornou um arremedo de si mesmo, e procurar ajuda dos adultos "caretas" e de um Centro Espírita, além de aprender a rezar e a pedir ajuda a Deus, a Jesus, a Nossa Senhora, aos seus Mentores Espirituais.

A observação dos usuários constantes mostra que a concentração, a memória e o raciocínio ficam prejudicados de forma permanente. Tudo começa a ser postergado, vai sendo deixado para depois, o usuário vai tendo a impressão de que tudo está bem, quando seu mundo está desabando... A maconha dá essa sensação ilusória de que as coisas estão bem, tudo se resolve, nada exige pressa, se for mal no colégio ou na faculdade, isso não é tão importante assim, depois se resolve... Se vai mal no trabalho, se começa a faltar, os atestados resolverão, afinal de contas, o seu chefe é um cara legal, tudo está certo, tudo se resolve... Dali a alguns anos, quando vê que ficou para trás, só vê uma solução: fumar mais maconha para se consolar do que fez consigo e com sua vida. Ou, melhor, do que não fez...

Planta de poder? Pode ser, mas fumar dois a três baseados por dia, acordar mal, a cabeça pesada, o quarto uma imundice... A *Cannabis* pode ser realmente uma planta de poder, mas por que a imensa maioria das pessoas que a utilizam tornam-se pessoas sem poder?

Planta sagrada? Todas as plantas são sagradas. Mas tudo jogado, a tosse, os ataques à geladeira, não consegue se concentrar, vai mal nas notas, mal no trabalho, vai ficando cada vez mais egoísta, mais teórico, cheio de ideias que não consegue realizar... Isso é sagrado? A *Cannabis sativa*, como todas as plantas, é sagrada, seus usuários também são sagrados, como todos os seres humanos o são, mas ficar preguiçoso, desleixado, egoísta, isso é sagrado?

Uma pessoa trabalhadora na Umbanda nos diz assim:

"Os nossos orientadores espirituais têm nos avisado do perigo que o planeta corre. No submundo espiritual são traçados planos sórdidos para a destruição da juventude através das drogas. Os nossos Guardiões estão trabalhando muito para derrotar esta horda de espíritos malfeitores, é uma guerra que está sendo traçada na espiritualidade. São dois exércitos: a Luz contra as trevas, o Bem contra o mal. O outro lado também possui o seu exército, e é muito numeroso, são milhões, e a cada dia aumenta o seu número, devido à irresponsabilidade e à vulnerabilidade do ser humano, que se deixa influenciar por esses espíritos. Infelizmente, os encarnados tornam a missão de nossos Espíritos Guardiões árdua e difícil, devido às suas atitudes, pois facilitam o trabalho de espíritos obsessores. A cada derrota, os nossos Guardiões choram e se preocupam com o futuro do planeta, enquanto o exército inimigo comemora de uma maneira nojenta. Eles aprisionam os espíritos dos desencarnados que foram viciados, praticando com eles os tipos mais vis de torturas, numa cena lamentável. Uma noite, nossos Guardiões perderam uma batalha, perderam quatro jovens para o alcoolismo. Eles voltavam de uma balada e morreram em um acidente. Um grupo de espíritos negros os acorrentou e os levou como escravos, abriu-se um buraco no asfalto e eles entraram por ele, rindo, gargalhando e aterrorizando os jovens. Muitas dessas cenas se passam no Astral, sem que a humanidade tome conhecimento, é uma batalha diária que poderia ser diminuída se nós tivéssemos espiritualidade, fé e consciência. Pensem nisso, reflitam antes de se deixarem levar pelo vício e por atitudes ilícitas."

Na obra *Memórias de um toxicômano*, o espírito Tiago mostra para o leitor como diversos personagens envolveram-se com a droga. Descreve a zona de sofrimento para onde são levados. Descreve, também, a situação espiritual de inúmeros viciados e o trabalho desenvolvido pelas forças do bem para resgatá-los, quando estiverem em condições. Descreve ainda muitas atividades que desencarnados ligados ao vício realizam para manter os dependentes, do mundo físico e do mundo espiritual, atrelados às drogas. Na obra *Educação e vivências*, Camilo afirma que: "Nenhum processo de toxicomania está dissociado dos processos das almas enfermas. Espíritos sadios não se deixam embriagar pelas drogas".

Muitos usuários da *Cannabis* gostam do Budismo. O que diz Buda a respeito?

"Um dos princípios do Budismo é "Não usar drogas". O princípio é não alterar o estado natural da mente. Por que o Buda condenava os estados alterados de consciência? Porque a consciência é o foco de toda a filosofia budista. Todo o Budismo gira em torno de estar presente, atento, alerta, consciente, vivo, fluindo junto com as mudanças, em vez de fugindo. A mente natural é o único refúgio seguro, duradouro e real. Do alto da mente limpa, você pode ver o mundo e a vida com maior abrangência, sem obstruir um aspecto da mente em detrimento da ampliação de outros. O Buda prega vivenciar o presente na sua plenitude. Com as substâncias, você nunca está realmente presente, nem atento, nem alerta, nem realmente consciente, por mais que elas lhe deem essa sensação. Com a Meditação, você está usando técnicas para diminuir a frequência de pensamentos e de emoções, você presta atenção a coisas que normalmente passariam em branco: sutilezas da respiração, sensações na pele, nos músculos, e naquele momento você está ampliando um aspecto da mente em detrimento de outros, exatamente como acontece na experiência com drogas. Mas existem diferenças enormes. As drogas o distanciam ainda mais do seu mundo interno. Numa viagem com drogas, mesmo que você feche os olhos e tente entrar em contato com seu "Eu Superior", o máximo que vai conseguir é uma sessão de diálogos intermináveis, ou um mergulho num oceano de imagens espontâneas, surfando em sensações deliciosas. Talvez consiga até um encontro memorável com o Amor Universal. Já meditar é o contato com uma coisa muito crua, simples, muito palpável, que pode ser vista como "natural". É simplesmente você, lá, sentadinho, respirando. Não tem a menor graça, mas é a maior Graça. É infinitamente simples, e simplesmente infinito."

Vamos ver os efeitos prejudiciais do ponto de vista físico. Um dos efeitos do uso contínuo da *Cannabis* é uma bronquite crônica, que se revela naquela tossezinha chata e constante, provocada pela fumaça quente do uso cotidiano dessa planta. E apesar de haver entre os usuários uma ideia disseminada de que fumar maconha é menos prejudicial aos pulmões do que fumar tabaco, isso não é realidade. Em matéria de material particulado, fumar de três a quatro baseados por dia equivale a fumar mais que 20 cigarros de tabaco, porque ela é fumada com um volume de tragada dois terços maior, um volume de inalação um terço maior e com um tempo de retenção da fumaça quatro vezes maior do que os valores considerados para o tabaco. Com o uso contínuo, os brônquios e o pulmão passam a ser afetados. Devido à contínua exposição à fumaça tóxica da droga, o sistema respiratório do usuário começa a apresentar problemas como a bronquite e a perda da capacidade respiratória. Além disso, por absorver uma quantidade considerável de alcatrão, que também está presente na fumaça de maconha, os usuários da droga estão mais sujeitos a desenvolver o câncer de pulmão.

O consumo da maconha também diminui a produção de testosterona. A testosterona é um hormônio masculino responsável, entre outras coisas, pela produção de espermatozoides. Portanto, com a diminuição da quantidade de testosterona, o homem que consome continuamente maconha irá, com o tempo, apresentar uma capacidade reprodutiva menor. O uso continuado dessa planta também diminui o tamanho e o peso da próstata e dos testículos, e com isso diminui o nível dos hormônios sexuais. Pode surgir impotência física, além da provocada pela chapação, e incapacitação para gerar filhos. E também, pela diminuição dos hormônios masculinos, pode provocar ginecomastia (aumento do seio) em jovens do sexo masculino.

A maconha atinge os linfócitos (células sanguíneas responsáveis pela defesa do nosso organismo), diminuindo a resistência a infecções.

Um outro efeito prejudicial do uso desregrado da *Cannabis* é uma redução da pressão intraocular, que pode provocar sérios problemas nos olhos, dependendo do uso maior ou menor da planta, mas como ela provoca dependência, principalmente psicológica e espiritual, o seu uso acaba por provocar danos oculares, também devido ao uso de colírios para disfarçar a vermelhidão provocada pela vasodilatação dos capilares da conjuntiva ocular. Os colírios branqueiam a vermelhidão dos olhos por conter substâncias vasoconstritoras que, com o tempo, vão provocando o ressecamento dos olhos, causando conjuntivites e outras doenças oculares. Os colírios contêm sulfato de zinco e ácido bórico, dois compostos que provocam uma vasoconstrição alérgica da conjuntiva, ou vasoconstritores anfetamínicos, como a nafazolina, que, a longo prazo, podem causar catarata, glaucoma e cegueira. Geralmente, o usuário diário dessa planta utiliza colírio algumas vezes por dia, antes de ir ou retornar para a aula, antes de ir falar com seu chefe ou alguém importante, antes de algum compromisso em que não possam saber que é um usuário, antes de chegar em casa, e essa necessidade de disfarçar vai afetando seus olhos, como um simbolismo de que necessitaria começar a enxergar corretamente o que está fazendo consigo, com a sua vida, com os seus antigos planos, com os seus talentos.

Existe atualmente uma maconha alterada – transgênica – chamada Skunk, cultivada com hidroponia, que tem aumentado em muito o potencial do D9-THC e o percentual de canabinoides. A maconha de anos atrás tinha 0,5% de THC e a atual supermaconha, artificial, química, produzida em laboratório, para viciar mesmo, tem até 30% de THC! E, então, o seu potencial viciante é enorme, que é o que os traficantes querem. Aliás, como o uso da *Cannabis* parece com um procedimento espiritual, pois os viciados acreditam que estão se espiritualizando, os traficantes que fingem ser amigos, irmãos dos usuários, são chamados de *brothers*... Com *brothers* assim, melhor um inimigo.

O dano neurológico dessa supermaconha é vasto: confusão mental, incapacidade de aprendizado e de concentração, irritação e agressividade contra parentes e contra a família quando existe um período de abstenção, problemas na gengiva, consumo elevado de açúcares e de carboidratos, olhos vermelhos, indisposição para tudo, perda progressiva de memória, riso frouxo e sem motivo para qualquer coisa, mesmo as coisas tristes e deprimentes, depressão constante e insensibilidade quando o efeito da droga passa, incapacidade de transmitir ideias e recados, frases incompletas e desconexas, troca de palavras e perda da capacidade cognitiva, falsas interpretações, confusão e troca de valores simples, incapacidade para efetuar alguma coisa mais complexa, uma espécie de criancice e incapacidade tola, perda da razão simples, dificuldade de articulação mental, porque o setor de armazenamento de informações no cérebro está comprometido, constante ansiedade, perda da acuidade visual, do campo visual, perda dos reflexos rápidos, confusão e irritação no trânsito, dificuldade da capacidade de dirigir, dificuldade de aprender qualquer coisa nova, alteração da criatividade, porque ela provoca perda de memória e é difícil ser criativo esquecendo aquilo que pensou...

Para finalizar, eu convido todas as pessoas que fumam maconha há alguns anos a fazer um teste: quando fumar um baseado, dali uns minutos, pergunte-se: "Eu estou melhor ou pior do que estava antes de fumar?". Jogo todas as minhas fichas que vai dizer para si mesmo: "Estou pior, mais parado, mais aéreo, menos concentrado, meus pensamentos estão desconexos, me fechei em mim mesmo, minha cabeça parece que está enuviada...". E pergunte-se se a maconha está ajudando a realizar, a concretizar os seus sonhos, a desenvolver os seus potenciais, se o ajuda a manter o foco ou o distrai dele, se o ajuda a ter persistência, a ter disciplina, ou o afasta disso? E, então, o que sugiro é que pare imediatamente de fumar maconha e retome a sua vida de antes de começar, e passe da condição de usuário para a condição de curador, de conselheiro, para quem ainda fuma.

A vida encarnada é uma escola e uma grande parcela dos usuários são espíritos que estão experimentando essa viagem para, um dia, sair dela e ir cuidar de quem ainda acha que é uma viagem com um rumo e que estão apenas rodeando.

23. A COCAÍNA

Por que alguém começa a cheirar cocaína. A imagem materialista do poder pessoal. O que é uma pessoa realmente vitoriosa.

A cocaína, ou éster do ácido benzoico, é um alcaloide usado como droga, de efeito estimulante, derivada do arbusto *Erythroxylum coca Lamarck*, cujo uso continuado pode causar efeitos indesejados, como dependência, inúmeros problemas físicos e psicológicos e, com o tempo, distúrbios psiquiátricos.

A produção da droga é realizada através de extração, em que as folhas são prensadas em ácido sulfúrico, querosene ou gasolina, resultando em uma pasta denominada sulfato de cocaína. Na segunda fase, utiliza-se o ácido clorídrico, formando um pó branco. Ela é utilizada aspirada, ou dissolvida em água e depois injetada diretamente em uma veia do corpo, geralmente na dobra do cotovelo ou nas pernas.

A folha de coca é usada há mais de 1.200 anos pelos povos nativos da América do Sul. Eles a mastigavam para ajudar a suportar a fome, a sede e o cansaço, sendo, ainda hoje, consumida legalmente em alguns países (Peru, Bolívia) sob a forma de chá (a absorção do princípio ativo por essa via é muito baixa). Os Incas e outros povos dos Andes usavam-na, permitindo-lhes trabalhar a altas altitudes, onde a rarefação do ar e o frio tornam o trabalho árduo especialmente difícil e a sua ação anorexiante (supressora da fome) lhes permitia transportar apenas um mínimo de comida durante alguns dias. A coca foi levada para a Europa em 1580 e o seu uso espalhou-se gradualmente. Após visitas de cientistas italianos à América do Sul, quando levaram amostras da planta para o seu país, o químico Ângelo Mariani desenvolveu, em 1863, o vinho Mariani, uma infusão alcoólica de folhas de coca (mais poderosa devido ao poder extrativo do etanol do que as infusões de água ou chás usadas antes). A Coca-Cola seria inventada como tentativa de competição dos comerciantes norte-americanos com o vinho Mariani importado da Itália e continuaria até 1903 a incluir cocaína nos seus ingredientes, e os seus efeitos estimulantes foram, sem dúvida, determinantes do poder atrativo inicial da bebida.

A cocaína foi popularizada como tratamento para a toxicodependência de morfina. Em Viena, Sigmund Freud, o médico criador da Psicanálise, experimentou-a em pacientes, fascinado pelos seus efeitos psicotrópicos. Publicou um livro – *Uber Coca* – sobre as suas experiências, mas acabou por se iludir com a dependência e com a decadência a que foram reduzidos vários dos seus amigos.

Mas a popularidade da cocaína foi ganhando terreno e continua até hoje, pois é muito grande o número de pessoas que esqueceram que somos Espíritos reencarnados, em busca de evolução espiritual em um mundo material, e embrenham-se no materialismo frio e vazio de uma sociedade humana quase que totalmente desumanizada, buscando encontrar paz, alegria, felicidade, coragem, força, ânimo para viver, através do uso de substâncias entorpecedoras, como o álcool e a *Cannabis*, e criadoras de uma ilusão de poder, como a cocaína e o *crack*.

Em 1885, a companhia norte-americana Parke Davis vendia livremente cocaína em cigarros, em pó ou em líquido injetável, sob o lema: "Substituir a comida, tornar os covardes corajosos, os silenciosos eloquentes e os sofredores insensíveis à dor". Vejam como a publicidade vem há muito tempo iludindo a todos nós com suas mensagens chamativas e atrativas, prejudiciais e malignas ao nosso corpo, à nossa psique e ao nosso Espírito, a serviço de poderosas indústrias de drogas, lícitas como a bebida alcoólica e o cigarro, e ilícitas como a *Cannabis*, a cocaína e o *crack*, todas elas servindo ao aprisionamento do ser humano ao seu ciclo reencarnatório, atrapalhando seus projetos pré-reencarnatórios de libertação do seu Ego, de endereçamento do seu tempo e da sua energia para os mais necessitados, para os pobres, para os doentes, para os deficientes. O uso de drogas é o egoísmo do tempo mal aproveitado, e uma certa parcela das agências de publicidade sabe lidar com isso de maneira magistral, embora demoníaca.

A ação estimulante da cocaína ocorre poderosamente porque ela é um potente inibidor da enzima MAO (monoamino-oxidase), que inibe a recaptação da noradrenalina e da dopamina, com isso liberando e aumentando a sua presença no sangue. Os efeitos da cocaína pelo aumento desses neurotransmissores são similares aos das anfetaminas, mas ainda mais intensos. A noradrenalina e a adrenalina são substâncias produzidas pelo organismo humano em situações de estresse agudo em que a pessoa necessita naquele momento de força e de energia. Elas têm a capacidade de aumentar a contração e a frequência cardíaca, a tensão arterial, a velocidade e a clareza do pensamento, a destreza dos músculos e a inibição da dor.

O indivíduo sob a ação da cocaína sente-se extremamente consciente e desperto, eufórico, excitado, com a mente clara (ideias em profusão) e uma grande (e ilusória) sensação de poder. A dopamina é o neurotransmissor principal das vias mesolímbicas e mesoestriadas, que têm, entre outras, a função de produzir prazer em resposta a acontecimentos positivos na vida do indivíduo, recompensando a aquisição de novos conhecimentos ou capacidades (aprendizagem), progresso nas relações sociais, relações emocionais e outros eventos. Mas o aumento artificial da dopamina pela cocaína ativa anormalmente essas vias, e o usuário sente-se extremamente autoconfiante, poderoso, irresistível e capaz de vencer qualquer desafio, de uma forma que não corresponde à sua real situação ou habilidade. A dopamina é a substância que se encontra muito aumentada nos casos de esquizofrenia, e é o que aumenta pelo uso da cocaína. O que pode resultar disso é facilmente imaginável...

A atração pela cocaína é, então, porque ela causa alegria, euforia, bem-estar, sociabilidade, durante o tempo de sua ação, mas depois vem a depressão consequente, e como poucas pessoas conseguem ter normalmente tais agradáveis e intensas sensações, quem a utiliza tenderá a querer usá-la novamente, e mais uma vez, e mais outra vez, e assim sucessivamente, e facilmente se vicia em querer sentir esse "bem-estar", essa "alegria", esse "poder".

O tímido fala, o retraído manifesta-se, o inibido solta-se, o bloqueado sexualmente expande-se, o triste fica alegre, o medroso fica valente, quem não gosta disso? Mas tudo isso ocorre apenas pelo aumento da noradrenalina e da dopamina, e a pessoa fica a mil, acelerada, superativa, até que o efeito vai passando, vai passando, e passa, e o que fica? Aí vem o revés, a realidade volta, a timidez continua, a inibição, o bloqueio, a tristeza, o medo, tudo volta a aparecer, era apenas passageiro... Como eu queria ser assim! Mas não é... O que fazer? Cheirar mais, ou injetar. Na televisão mostram que os artistas, os jogadores de futebol, os corredores de Fórmula 1, os modelos, são vencedores porque bebem cerveja, vou ao supermercado buscar uma caixa, hoje eu vou me soltar, quero ser feliz, tem um vizinho meu que fuma baseado, me disse que não faz mal, que deixa alegre, fica leve, para curtir um som, eu estou cheio de problemas, vou bater lá... *Crack*, nem pensar, mas ouvi dizer que o efeito é rápido, quem sabe uma vez só? Não deve ser assim como dizem...

E quem está ao seu lado, invisível? Aquilo que muitos psiquiatras não acreditam: os Espíritos obsessores. São seres que possuem uma única e enorme capacidade: a de interferir em nossos pensamentos, colocar ideias em nossa mente, e, entrando pelas brechas que deixamos, eles vão se infiltrando, penetrando, baixando a nossa guarda, principalmente nos momentos de tristeza, de depressão, de desespero, e o quadro vai se formando, nós e nossos problemas, nossos conflitos, nossos traumas, eles querendo que bebemos, fumemos, cheiremos, seja porque querem usar através de nós, seja porque querem nos destruir, por seus motivos, geralmente de outras encarnações.

Um tratamento, para ser realmente efetivo, não basta ser apenas médico e psicológico, necessita também ser espiritual, em um Centro

Espírita, gratuito, endereçado a esses irmãos desencarnados, tão coitados e iludidos como os encarnados dominados por eles.

Do ponto de vista da Psicoterapia Reencarnacionista, nós não reencarnamos para fugir, para esmorecer, para nos deixar dominar, seja por sentimentos internos, seja por Espíritos obsessores. Nós reencarnamos para vencer, a nós mesmos, as nossas imperfeições, as nossas inferioridades, e para ajudar o mundo a melhorar. Nós não precisamos mais ser adolescentes espirituais, podemos amadurecer, nos tornar adultos, erguer nossa coluna, abrir nosso peito, soltar nossa voz, nos aliarmos a Deus e seus representantes, os Seres de Luz, que estão aqui, ao nosso lado, prontos para nos ajudar, que nos aconselham que paremos de nos destruir, que encetemos uma guerra realmente santa contra nossos instintos primitivos, auto e heterodestruidores, que escutemos a voz da Razão, a voz da nossa Consciência, que prestemos atenção ao que estamos fazendo com a nossa vida, a vida que Deus nos deu, como estamos indo nessa encarnação, para onde estamos nos dirigindo, aonde queremos chegar, qual o nosso objetivo existencial?

Todos nós esperamos tanto tempo lá no Mundo Espiritual o momento de reencarnar, escolhemos um útero, um pai e uma mãe, de acordo com o nosso merecimento, de acordo com as Leis Divinas da Necessidade, da Finalidade e do Retorno, e então aqui estamos, apenas com uma finalidade, que é a de aproveitar essa passagem no sentido da evolução espiritual, rumo à Purificação, sermos úteis para o mundo, sermos pessoas importantes do ponto de vista do amor, do coração, da caridade, mas uma grande parcela de nós esquece completamente disso tudo e enveda pelo caminho da bebida, do cigarro, da maconha, da cocaína, do *crack* e de outras coisas, tão agradáveis em seu início, tão prazerosas, tão amortecedoras, tão estimulantes, mas tão ilusórias, tão destruidoras, tão caóticas! E, em vez de irmos, durante a encarnação, nos tornando cada vez melhores, vamos decaindo, ficando piores, mais doentes, mais viciados, mais coitadinhos, num caminho semelhante ao da loucura, em que não se sabe o que se está fazendo, ou literalmente entrando nela.

Os efeitos físicos maléficos da cocaína, com o tempo, são: depressão neuronal, alucinações, convulsões, paranoia (sensação de perseguição), taquicardia, mãos e pés adormecidos por afetação da circulação sanguínea, depressão do centro cerebral respiratório, depressão vasomotora, podendo ocorrer o coma e até a morte por *overdose*. A cocaína provoca danos cerebrais extensos em um curtíssimo período de tempo de consumo. As *overdoses* de cocaína são frequentemente fatais, e caracterizam-se por arritmias cardíacas, convulsões epilépticas generalizadas e depressão respiratória com asfixia.

E onde ficou aquela sensação boa de alegria, de poder, de entusiasmo, de expansão das ideias, a facilidade em falar, em chegar em alguém que está interessado, em esquecer seus dramas e seus problemas, de sentir-se forte e capaz, de que nada pode lhe afetar, de ser um super-alguma-coisa, onde ficou isso? Foi tudo correnteza abaixo, nada era real, era o que poderia ser se tivesse sido trabalhado corretamente, por meio de um tratamento psicológico competente, um enfrentamento maduro e adulto, e para quem é reencarnacionista, um tratamento com a Psicoterapia Reencarnacionista, para ajudar a rever e reler a sua infância, a entender melhor o que é estarmos aqui encarnados, como encontrarmos a nossa proposta de Reforma Íntima, o que são os gatilhos, o que são as armadilhas da vida terrena, o que é e como alcançar a meta principal de nossa trajetória: a busca de mais evolução espiritual.

A cocaína apresenta o fenômeno de tolerância de estabelecimento rapidamente, ou seja, para obter os mesmos efeitos, o usuário terá de usar doses cada vez maiores. Isso ocorre porque os efeitos dela, com o tempo, começam a ser mais curtos e de menor intensidade, e então o usuário deseja consumir cada vez mais a droga para se satisfazer na mesma intensidade que antes. O hábito em seu consumo começa a gerar ou a agravar uma depressão, porque os seus efeitos "benéficos" e "agradáveis" não correspondem à realidade, e, quando passa o efeito, uma das duas: ou a pessoa vai usar mais cocaína, ou beber, ou fumar um baseado, para continuar na ilusão, ou terá de deparar-se com a verdade, e ela não é agradável, não é boa de se sentir, não é favorável, e então vai se instalando uma ansiedade e um mal-estar mais ou menos permanente, associado a uma deterioração das funções motoras, a uma perda da capacidade de aprendizagem e de comportamentos aprendidos, porque, com o uso, começam a ocorrer múltiplas pequenas hemorragias cerebrais, com morte de neurônios e uma perda progressiva das funções intelectuais, e, pior, aliada a isso tudo, a presença dos Espíritos obsessores, e então são frequentes as síndromes psiquiátricas, como a esquizofrenia e a depressão profunda, com o desejo de morrer. Se o obsessor quer apenas cheirar através do seu comandado, tenderá a mantê-lo vivo para continuar lhe fornecendo a droga. Mas, se for seu inimigo, as ideias suicidas aumentarão, até possivelmente isso se concretizar, e quando o infeliz suicida estiver fora do corpo, será um alvo muito fácil para ele, e aí, então, o inferno aumentará, principalmente se for arrastado para o Umbral, de onde sairá apenas depois de muito, muito tempo...

Como toda droga, no início tudo são flores, uma maravilha, mas com o tempo vai mudando, tudo piorando, vem a perda da capacidade de concentração, a perda da capacidade analítica, a perda de memória, ansiedade e falta de ar quase que permanentes, problemas nasais, pulmonares e cardíacos, perda de peso até chegar a níveis de desnutrição, dores de cabeça terríveis, fraqueza, desmaios, distúrbios dos nervos periféricos ("sensação de o corpo ser percorrido por insetos"), silicose (pois é comum o traficante, o *brother*, adicionar talco industrial para aumentar seus lucros, um fato bastante verificado em necropsia), arritmias cardíacas com complicações muitas vezes fatais, trombose coronária com enfarte do miocárdio (25% dos enfartes totais em jovens de 18-45 anos), trombose cerebral com acidente vascular-cerebral, necrose cerebral (morte celular), insuficiência renal, insuficiência cardíaca etc.

Valeu a pena? Onde está aquele Espírito que reencarnou para evoluir espiritualmente? Onde ficaram as suas metas pré-reencarnatórias? Sente uma profunda mágoa de sua mãe, mas é a mãe que escolheu antes de reencarnar... Sente raiva do seu pai, mas é o pai que pediu antes de descer para a Terra... A culpa é de sua infância pobre e miserável, mas é a situação social que necessitou por erros no passado, quando foi rico, egoísta, insensível... Ou a culpa é de sua infância rica, materialista, mas por que, então, pediu uma família dessa classe social?

"Não tem mais solução! É o fim! Não vale mais a pena! Vou cheirar até morrer, azar, vou beber, vou fumar, não tem saída, não tem jeito mesmo...". Não tem? Tem, sim, mas exige um certo grau de humildade, para reconhecer que enlouqueceu e não viu, e que essa loucura chama-se Egoísmo. O egoísmo de olhar demais para si e pouco para os outros, de priorizar-se, de sofrer mais por si do que pelos outros, de achar que seus problemas são maiores do que os dos outros, de querer alegria para si, curtir a vida, divertir-se, e/ou fugir dos "seus" problemas, das "suas" dores, dos "seus" complexos, das "suas" frustrações, tudo girando em torno do "Eu", do "Meu" e do "Minha", mostrando onde está a sua doença: em si mesmo.

A cura é possível, mas ela tem de passar pela libertação do seu egoísmo, do seu umbigo, da sua eterna adolescência espiritual, e resolver transformar-se em alguém importante para o mundo, alguém que os outros possam admirar, alguém que faça a diferença, que dê o exemplo, pois, como diz um velho ditado: "Quem não vive para servir, não serve para viver".

A Psicoterapia Reencarnacionista, sendo uma terapia que quer ajudar a todos nós a aproveitar a encarnação, pode ajudar quem está viciado em cocaína, como em qualquer coisa, a libertar-se disso, mas exige que a pessoa resolva mudar seus conceitos, mudar seus pensamentos, entender que é um Espírito reencarnado, que aqui está para crescer, para amadurecer, que a vida é apenas uma passagem, que dura algumas dezenas de anos, e que depois subirá de volta para Casa, para prestar conta para sua própria Consciência de como se saiu, se aproveitou, se venceu, ou se fracassou, se foi derrotado.

As estatísticas do Mundo Espiritual quanto aos nossos sucessos/fracassos não são nada favoráveis a nós, pelo contrário, o fracasso encarrega-se de mais de 90% dos retornos, ou seja, poucos retornam dessa viagem pela Terra vencedores, e dentre esses a maioria conseguiu apenas em parte o que tinha almejado, prometido a si mesmo antes de descer. Raros são os vencedores de verdade, e aumentar essa taxa é uma das metas dessa nova Psicoterapia, baseada na reencarnação, aliada das Religiões reencarnacionistas, que veio para a Terra há pouco tempo, mas já vem ocupando um lugar que é seu de direito, pois é a mesma terapia aplicada no período intervidas, agora aqui embaixo, para ajudar a nos libertarmos das ilusões, das fantasias, da superficialidade criada e estimulada pela nossa sociedade ainda tão materialista, tão hipócrita, tão falsa.

24. O CRACK

É barato e dá um barato... Estou viciado. E agora?

O *crack* é uma droga feita a partir da mistura de cocaína com bicarbonato de sódio, e geralmente é fumado. O nome deriva do verbo *to crack*, que, em inglês, significa quebrar, devido aos pequenos estalidos produzidos pelos cristais (as pedras) ao serem queimados, como se quebrassem. A fumaça produzida pela queima da pedra de *crack* chega ao Sistema Nervoso Central em dez segundos, e seu efeito dura de 3 a 10 minutos. Ela tem um efeito de euforia mais forte do que o da cocaína, mas após gera muita depressão, o que leva o usuário a querer usar novamente para compensar o mal-estar, começando a provocar com isso uma intensa dependência. O *crack* tem um poder infinitamente maior de gerar dependência, pois a fumaça chega ao cérebro com velocidade e potência extremas, e ao prazer intenso e efêmero segue-se a urgência da repetição. Em relação ao seu preço, é uma droga mais barata que a cocaína. A forma de uso do *crack* favorece a sua disseminação, basta um cachimbo, ou algo parecido, improvisado, como uma lata de alumínio furada, por exemplo.

A história do *crack* está diretamente relacionada com a da cocaína, mas essa é uma droga cara, apelidada de "a droga dos ricos", e esse foi o principal motivo para a criação de uma "cocaína" mais acessível. A partir da década de 1970, começaram a misturar a cocaína com outros produtos, e foi assim que surgiu o *crack*, obtido por meio do aquecimento de uma mistura de cocaína, água e bicarbonato de sódio. Na década de 1980, o *crack* se tornou grandemente popular, principalmente entre as camadas mais pobres dos Estados Unidos.

O uso constante do *crack* pode causar destruição de neurônios (células cerebrais) e provocar a degeneração dos músculos do corpo (rabdomiólise), o que dá aquela aparência característica ao indivíduo: ossos da face salientes, braços e pernas finos e costelas aparentes. O *crack* inibe a fome, de maneira que os usuários só se alimentam quando não estão sob seu efeito narcótico. De forma similar à cocaína, o *crack* bloqueia a recaptação do neurotransmissor dopamina, mantendo a substância química por mais tempo nos espaços sinápticos, aumentando o seu nível no sangue, e com isso as atividades motoras e sensoriais são superestimuladas. Logo em seguida, vem a depressão. Outro efeito da droga é o excesso de horas sem dormir, e tudo isso pode deixar o dependente facilmente doente. Um fator muito preocupante em relação ao *crack* é que, em pouco tempo, rapidamente, o usuário se torna viciado, para fugir do desconforto da síndrome de abstinência (depressão, ansiedade e agressividade), comum a outras drogas estimulantes. Após o uso do *crack*, quando passa o efeito, o que é rápido, a pessoa apresenta quadros de violência e agressividade, frequentemente contra a própria família, contra a sociedade em geral. O consumo de *crack* fumado através de latas de alumínio como cachimbo, uma vez que a ingestão de alumínio está associada a dano neurológico, tem levado a estudos em busca de evidências do aumento do alumínio sérico em usuários de *crack*. Ocorre uma intoxicação por esse metal, pois o usuário aquece a lata para inalar o *crack*, e, além do vapor da droga, ele aspira o alumínio, que se desprende com facilidade da lata aquecida. O metal se espalha pela corrente sanguínea e provoca danos ao cérebro, aos pulmões, aos rins e aos ossos.

O uso do *crack* e sua potente dependência psíquica frequentemente levam o usuário que não tem capacidade monetária para manter o custo do vício à prática de delitos, para obter a droga. Os pequenos furtos de dinheiro e de objetos, sobretudo eletrodomésticos, muitas vezes começam em casa, e muitos dependentes acabam vendendo tudo o que têm; em alguns casos, podem se prostituir para sustentar o vício. O dependente dificilmente consegue manter uma rotina de trabalho ou de estudos e passa a viver basicamente em busca da droga, não medindo esforços para consegui-la. O organismo passa a funcionar em função da droga. O dependente quase não come ou dorme. Ocorre um processo rápido de emagrecimento. Os casos de desnutrição são comuns. A dependência também se reflete em ausência de hábitos básicos de higiene e cuidados com a aparência.

Embora seja uma droga mais barata que a cocaína, o *crack* acaba sendo mais dispendioso, pois o efeito de sua pedra, embora mais intenso, é muito mais rápido, o que leva ao uso compulsivo de várias pedras por dia.

As chances de recuperação dessa doença são das mais baixas dentre todas as drogas, pois exigem a submissão voluntária ao tratamento por parte do dependente, o que é difícil, haja vista que a "fissura", isto é, a vontade de voltar a usar a droga, é muito grande. E, além disso, a maioria das famílias de usuários não tem condições de custear tratamentos em clínicas particulares ou de conseguir vagas em clínicas terapêuticas assistenciais, as quais nem sempre são idôneas e competentes. E também é muito comum o dependente iniciar mas abandonar o tratamento. A imprensa tem mostrado as dificuldades sofridas por parentes de viciados em *crack* para tratá-los. Casos extremos, de famílias que não conseguem ajuda no sistema público de saúde, são cada vez mais comuns. A melhor forma de tratamento desses pacientes ainda parece ser objeto de discussão entre especialistas, mas muitos psiquiatras e autoridades posicionam-se a favor da internação compulsória em casos graves e urgentes, o que exigiria uma previsão na Lei de Drogas e aumento de vagas em clínicas públicas que oferecem esse tipo de internação. A recuperação não é impossível, mas depende de muitos fatores, como o apoio familiar, da comunidade e a persistência da pessoa (vontade de mudar). E, além disso, a ajuda deve ser procurada o mais breve possível, para aumentar a chance do sucesso no tratamento. Sendo mais potente que a cocaína, o *crack* tem uma ação devastadora sobre o organismo do usuário, provocando lesões cerebrais, com o risco de um derrame cerebral e, por alterar a circulação sanguínea devido ao seu efeito estimulante, de um infarto do miocárdio.

As primeiras sensações são de euforia, de brilho e de bem-estar, descritas como um estalo, um relâmpago, o "tuim", na linguagem dos usuários. Há um sentimento de empolgação e de euforia no usuário. O coração acelera. Há risco de hemorragia cerebral, alucinações, delírios, convulsão, infarto agudo e morte. O pulmão é afetado rapidamente e ocorrem problemas respiratórios como congestão nasal, tosse insistente e expectoração de mucos negros, indicando os danos sofridos. Dores de cabeça, tonturas e desmaios, tremores, magreza, transpiração, palidez e nervosismo passam a atormentar o usuário. Vai ocorrendo desinibição excessiva, agitação psicomotora, taquicardia, dilatação das pupilas, aumento de pressão arterial e transpiração intensa. São comuns queimaduras nos lábios, na língua e no rosto pela proximidade da chama do isqueiro no cachimbo, no qual a pedra é fumada.

Mas não são as complicações de saúde pelo uso crônico da droga que constituem a primeira causa de morte entre os usuários, mas sim os homicídios, resultantes de brigas em geral, ações policiais e punições por parte dos traficantes, pelo não pagamento de dívidas contraídas nesse comércio. Outro fator importante são as doenças sexualmente transmissíveis, como o HIV, por exemplo, por conta do comportamento promíscuo que a droga gera, muitos adoecendo gravemente e outros morrendo por causa disso. Por isso, o uso do *crack* leva a um fim trágico, de violência, de assaltos, de assassinato, de *overdose* ou de AIDS. Muitos relacionam a entrada do *crack* como droga circulante ao aumento da criminalidade e da prostituição entre os jovens, com o fim de financiar o vício. No Brasil, as pedras começaram a ser usadas na década de 1990 na periferia de São Paulo e, segundo se diz, de início as próprias quadrilhas de traficantes do Rio de Janeiro não permitiam a sua entrada, pois os bandidos temiam que o *crack* destruísse rapidamente sua fonte de renda: os consumidores. Entretanto, em menos de dois anos, a droga alastrou-se por todo o Brasil. Recentes reportagens demonstram que o entorpecente tornou-se o mais comercializado nas favelas cariocas, multiplicando os lucros dos traficantes. Atualmente, pode-se dizer que há uma verdadeira "epidemia" de consumo do *crack* no país, atingindo cidades grandes, médias e pequenas.

Os traficantes hoje misturam pequenas porções de *crack* na maconha, no que é chamado de "*desirée*", "craconha" ou "criptonita", e vendem aos usuários, sem que estes saibam. É uma tática cruel para obter novos viciados. Embora gere menos renda para o traficante por peso de cocaína produzida, o *crack*, sendo mais viciante, garante um mercado cativo de consumo. O baixo preço – com R$ 0,50 é possível comprar uma pedra –, aliado à rapidez das sensações que provoca, ajuda a explicar a procura pela substância.

Alguns traficantes matam outros traficantes porque vendem *crack* e o *crack* mata os "clientes", e os "clientes" morrerem é ruim para os negócios... É uma loucura tudo isso.

MENSAGEM FINAL

A finalidade deste livro foi levar uma Mensagem aos Jovens para que vejam como vêm sendo desrespeitados! Criaram uma imagem – "Ser jovem é..." – que só serve para convencê-los de que eles são como o Sistema deseja que sejam: alienados consumidores.

Mas os jovens são realmente como as propagandas dos produtos jovens mostram? São doidões, irresponsáveis, agitados, bagunceiros? Não querem um mundo melhor, mais justo, mais humano? E a "rebeldia jovem" é contra o Sistema? Se sim, não podem segui-lo cegamente e obedecer suas mensagens! Afinal de contas, são contra ou a favor do Sistema? A imagem "Adolescente é assim..." foi criada e é mantida por interesses econômicos que querem que os jovens acreditem que são assim, para serem uma fonte permanente de consumo e de lucro.

É preciso que os jovens lembrem quem são, o que vieram fazer aqui na Terra, para o que encarnaram, e libertem-se do poder do Sistema, que visa a impedi-los de cumprir a sua Missão. Os jovens, em grande parte, são Espíritos que vieram trazer paz, harmonia, solidariedade, fraternidade, trazer mais luz para este planeta, para a humanidade. Mas necessitam relembrar isso e libertarem-se da influência negativa que um Sistema exerce sobre eles, com a colaboração de grande parte da mídia. A tática é hipnotizá-los, dominar a sua cabeça, transformá-los em robôs.

Os jovens vieram para melhorar o mundo, para ajudar a acabar com a miséria, com a fome, com a violência, com a desigualdade social, vieram para transformar o nosso sistema de vida em um socialismo espiritual. Mas o Sistema não deseja que as coisas mudem e utiliza-se de todas as maneiras possíveis para impedi-los de cumprir sua Missão. Este livro é sobre isso. Se você é um Guerreiro da Luz, vamos criar uma Corrente de Amor para iluminar este planeta. Unidos, nós venceremos a escuridão.

IMPRESSÃO:

PALLOTTI
GRÁFICA

Santa Maria - RS | Fone: (55) 3220.4500
www.graficapallotti.com.br